기하학적 개발 활동 책

전개도 展開圖을 사용하여 3차원 기하학을 직접 소개하는 과정입니다.

데이비드 E 맥아담스
http://www.demcadams.com

저작권 © 2024 by Life Is A Story Problem LLC, Colorado Springs, Colorado. 모든 권리 보유. 이 출판물의 어떠한 부분도 저작권 소유자의 명시적인 서면 동의 없이는 어떠한 형태나 수단으로든 복제, 검색 시스템에 저장 또는 전송할 수 없습니다. 단, 중요한 기사나 리뷰에 포함된 간략한 인용문은 예외입니다.

교육용으로 복사하는 것은 제한적으로 허용됩니다. 이 책의 개별 페이지를 우연적이고 비상업적인 교육적 용도로만 복사하는 것은 허가됩니다. 이는 한 권의 책 규칙에 따라 이루어집니다. 이 자료를 사용할 학생의 교사 한 명당 한 권의 책을 구매해야 합니다. 홈스쿨러의 경우, 한 무리의 어린이를 가르치는 부모 한 명당 한 권의 책을 구매해야 합니다.

"데이빗 E. 맥아담스"의 다른 책들

앵무새 색상 – 앵무새 그림을 활용한 색상 개념 소개. 미취학 아동용.

Flower Colors – (영어로) 꽃 그림을 이용한 색상 개념 소개. 미취학 아동용.

Space Colors – (영어로) NASA 의 사진을 사용하여 색상 개념 소개. 미취학 아동용.

Shapes – (영어로) 도형에 대한 소개입니다. 미취학 아동을 위한.

Numbers – (영어로) 숫자 개념 소개. K-2 학년용.

What is Bigger Than Anything? (Infinity) – (영어로) 무한의 개념에 대한 소개. 1-3 학년용.

Swing sets (Sets) – (영어로) 집합 이론 소개. 2-4 학년용.

One Penny, Two – (영어로) 제리의 페니가 매일 두 배로 늘어난다면, 그가 짙은 녹색 스포츠카를 살 수 있을 때까지 얼마나 걸릴까요? 3-6 학년용.

Learning With Money Activity Kit – (영어로) $1,000,000 가 넘는 플레이 머니로 큰 숫자와 계산을 가르칩니다.

My Favorite Fractals (volumes 1, 2) – (영어로) 고해상도 이미지로 표현된 놀라운 프랙탈의 그림책. 모든 연령대에 적합합니다.

All Math Words Dictionary – (영어로) 전대수학, 대수학, 기하학, 미적분학 전 과목을 공부하는 학생을 위한 영어 수학 사전입니다.

The First Million Digits of Pi – (영어로) 파이의 첫 백만 자리. 모든 연령대를 위한.

e to One Million Digits – (영어로) 오일러 상수 e 의 첫 백만 자리. 모든 연령대에 해당.

The Square Root of 2 to One Million Digits – (영어로) 2 의 제곱근의 처음 백만 자리. 모든 연령대를 위한.

The First Hundred Thousand Prime Numbers – (영어로) 첫 번째 10 만 개의 소수. 모든 연령대에 적합합니다.

전개도 展開圖 활동서 – 80 전개도 展開圖 복사하고, 잘라내고, 테이프로 붙여 3 차원 다면체로 만듭니다. 9 세 이상.

Geometric Nets Mega Project Book – (영어로) 253 전개도 展開圖 복사하고, 잘라내고, 테이프로 붙여 3 차원 다면체로 만듭니다. 9 세 이상.

최신 목록은 www.DEMcAdams.com 에서 확인하세요.

이미지 크레딧

모두 전개도 展開圖 데이비드 E. 맥아담스의 작품입니다.

달리 언급하지 않는 한 모든 그림은 데이비드 E. 맥아담스의 작품입니다.

- **원뿔** – LucasVB. 아티스트가 공개 도메인에 배치했습니다.
- **육팔면체** – Svdmolen. 아티스트가 공개 도메인에 배치했습니다.
- **스누브 십이면체** – Tom Ruen. 아티스트가 공개 도메인에 배치했습니다.
- **깎은 육팔면체** – Svmolen. 아티스트가 공개 도메인에 배치했습니다.
- **깎은 정십이면체** – Harkonnen2. 아티스트가 공개 도메인에 배치했습니다.
- **깎은 정이십면체** – Svmolen. 아티스트가 공개 도메인에 배치했습니다.
- **깎은 정팔면체** – InductiveLoad. 아티스트가 공개 도메인에 배치했습니다.

차례

시작합시다...1
장삼각형 반원형..3
원뿔...5
정육면체...7
육팔면체...9
원기둥...11
십각형 반원기둥..13
십각 프리즘...15
삼각형 이코사이트 사면체...17
주사위..19
디스디아키스 12면체..21
수학 정십이면체..23
길쭉한 오각형 큐폴라...25
길쭉한 오각형 쌍피라미드...27
늘린 오각뿔...29
길쭉한 사각형 비피라미드...31
늘린 사각뿔...33
길쭉한 삼각형 엇각기둥..35
길쭉한 삼각형 큐폴라...37
길쭉한 삼각형 비피라미드...39
늘린 삼각뿔...41
십각 피라미드 수학 절두체..43
사변 피라미드 수학 절두체..45
수학 3각뿔 수학 절두체..47
큰 십이면체...49
큰 별모양 십이면체..51
회전형 길쭉한 오각형 피라미드....................................55
회전식 길쭉한 사각형 이중 피라미드.............................57
자이로롱게이티드 스퀘어 프리즘..................................59
회전식 길쭉한 사각형 피라미드....................................61
칠각 피라미드..63
칠면체 4,4,4,3,3,3,3..65
칠면체 5,5,5,4,4,4,3..67
칠면체 6,6,4,4,4,3,3..69
육각 프리즘...71
육각뿔..73
육면체 4,4,4,4,3,3...75
육면체 5,4,4,3,3,3...77
육면체 5,5,4,4,3,3...79
정이십면체..81
십이이십면체...83
사선 사각 피라미드...85
팔각형의 안티프리즘...87
정팔면체...89

엇오각기둥 91
오각지붕 93
오각쌍뿔 95
오각기둥 97
오각 피라미드 99
오각둥근지붕 101
펜타그램 프리즘 103
직사각형 피라미드 105
롬빅 프리즘 107
마름모육팔면체 109
작은 마름모십이면체 111
작은 별모양 십이면체 115
다듬은 정육면체 119
다듬은 정십이면체 123
엇사각기둥 127
사각지붕 129
사각뿔 131
정사각형 사다리꼴 133
별모양 팔면체 135
정 4 면체 137
테트라키스 육면체 139
삼방팔면체 141
삼방사면체 143
삼각지붕 145
삼각쌍뿔 147
삼각 오면체 149
삼각기둥 151
비스듬한 삼각뿔 153
깎은 정육면체 155
깎은 육팔면체 157
깎은 정십이면체 159
깎은 정이십면체 163
깎은 십이이십면체 169
깎은 정팔면체 175
깎은 정사면체 177
오른쪽 오각형 별 피라미드 179
잘린 정사각형 사다리꼴 181

시작합시다

전개도 *展開圖*이란 무엇입니까?

전개도 展開圖 은 3차원 도형으로 접을 수 있는 평평한 그림입니다. 예를 들어, 6개의 동일한 정사각형을 입방체로 만들 수 있습니다. 이는 입방체가 6개의 변을 가지고 있고, 모두 동일한 정사각형이기 때문입니다. 이 책의 각 그림은 3차원 기하학적 객체로 접을 수 있습니다.

대부분의 전개도 展開圖 는 평평한 면이 있는 입체로 접힙니다. 몇 가지 예외가 있습니다. 직사각형과 두 개의 원으로 원통을 만들 수 있습니다. 원뿔은 원과 곡선 바닥이 있는 삼각형으로 만들 수 있습니다.

기하학적 도형의 이름에 들어 있는 모든 단어는 무슨 뜻인가요?

3차원 입체 도형의 이름에 사용되는 대부분의 단어는 2천 년 전 그리스인에 의해 만들어졌습니다. 그리스 수학자들은 도형의 이름을 만들기 위해 단어를 모았습니다. 일부 단어는 숫자를 의미합니다. 예를 들어 'Tetra'는 'four'를 의미하는 데 사용됩니다. 사용된 단어 중 일부는 다음과 같습니다.

전개도 *展開圖*로 고체를 만드는 건 얼마나 어렵나요?

일부는 쉽고, 일부는 어렵습니다. 기본적으로 솔리드의 면이 많을수록 전개도 展開圖로 만드는 것이 더 어렵습니다. 쉬운 것부터 시작해서 어려운 것으로 쌓아 올리세요.

전개도 *展開圖*에서 고체 모델을 어떻게 구축합니까?

전개도 展開圖이 그려진 페이지의 사본을 만드는 것으로 시작합니다. 그물에 그림을 그리거나 색칠하여 장식하려면 잘라내기 전에 그렇게 합니다.
그런 다음 가위를 사용하여 실선을 따라 전개도 展開圖을 조심스럽게 잘라냅니다. 때로는 두 개의 인접한 면이 그림에서 잘라야 하는 선을 공유합니다. 이 선은 실선이 됩니다.
모양을 잘라낸 후 점선을 따라 접기 시작합니다. 투명 테이프의 작은 조각을 사용하여 가장자리를 함께 붙입니다. 모서리를 모두 테이프로 붙여주면 모양이 완성됩니다.

장삼각형 반원형

1. 실선을 따라 잘라냅니다.
2. 점선(. . . .)을 따라 접습니다.
3. 점선(- - - -)을 따라 뒤로 접습니다.
4. 투명 테이프를 사용하여 고정합니다.

그물에 그림을 그리거나 색칠하려면 테이프를 붙이기 전에 합니다. 장식물을 붙이려면 먼저 테이프로 붙여주세요.

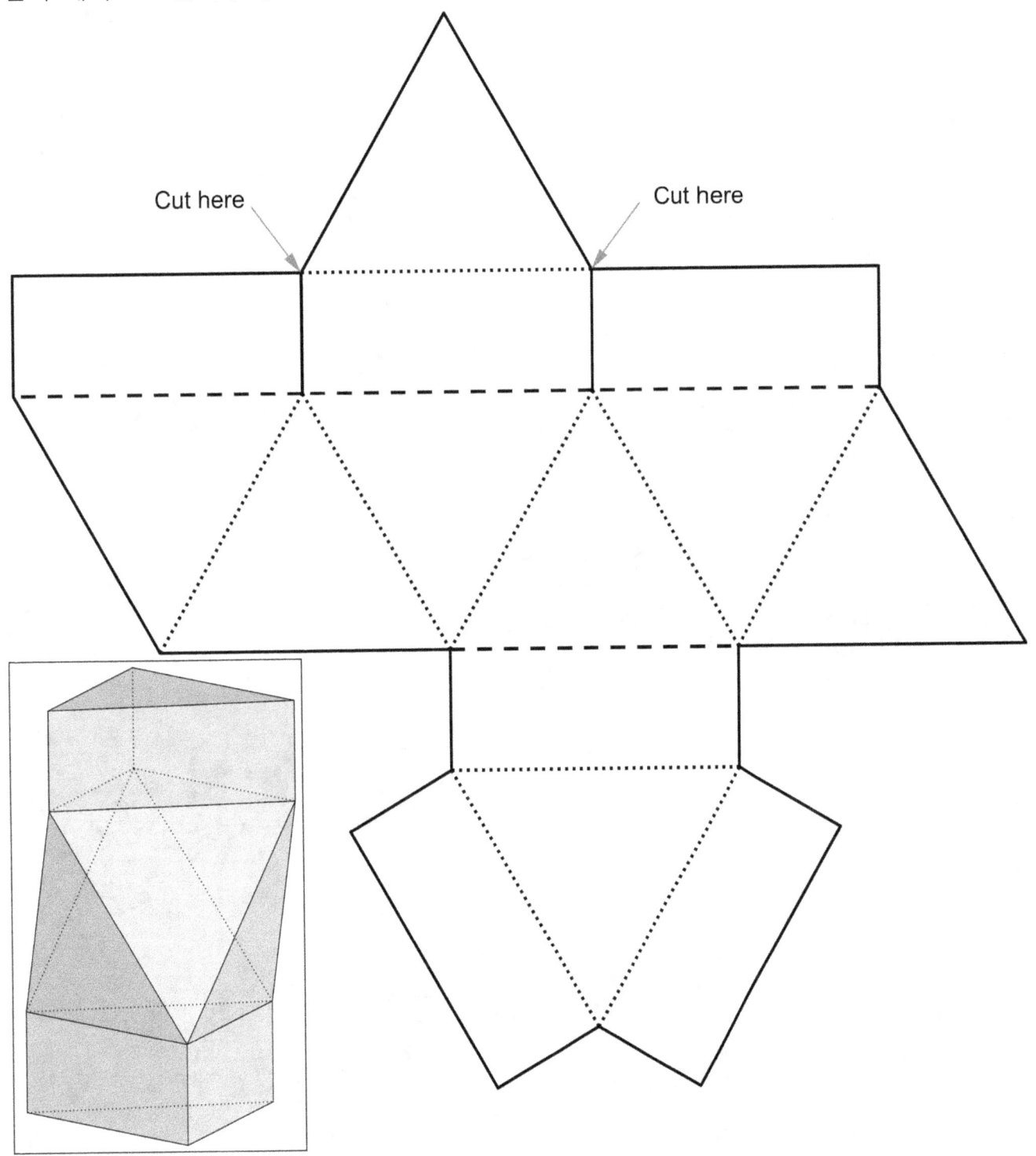

Cut here   Cut here

기하학적 개발 활동 책 작가 데이비드 E 맥아담스

저작권 2024. 우연적이고 비상업적인 교육적 용도로만 복사할 수 있습니다. 자세한 내용은 저작권 고지를 참조하세요.

원뿔

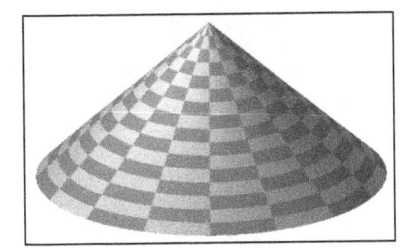

1. 실선을 따라 잘라주세요. 두 조각을 떼어내지 않도록 주의하세요.
2. 투명 테이프를 사용하여 고정합니다.

그물에 그림을 그리거나 색칠하려면 테이프를 붙이기 전에 하세요.

기하학적 개발 활동 책 작가 데이비드 E 맥아담스
저작권 2024. 우연적이고 비상업적인 교육적 용도로만 복사할 수 있습니다. 자세한 내용은 저작권 고지를 참조하세요.

정육면체

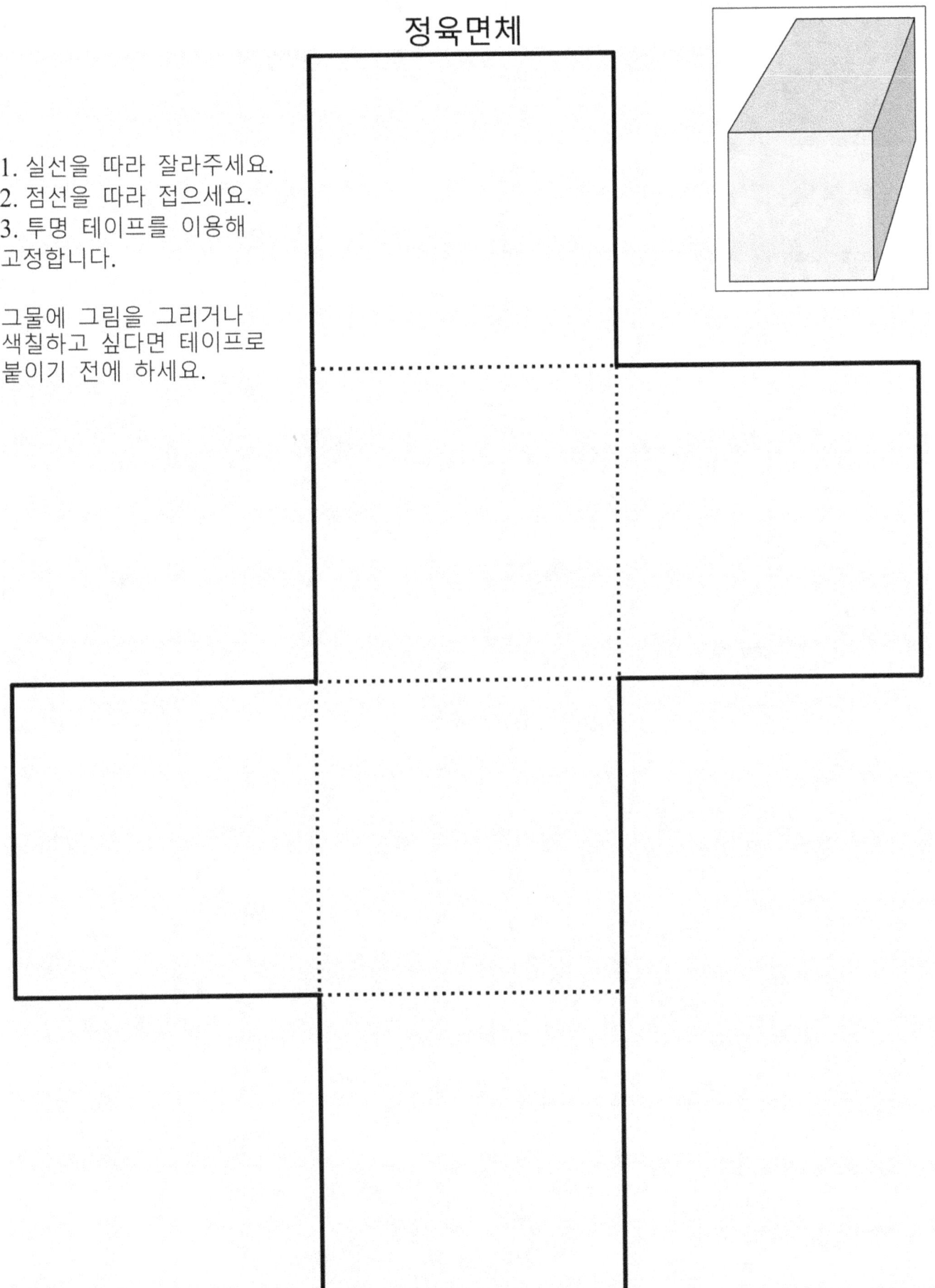

1. 실선을 따라 잘라주세요.
2. 점선을 따라 접으세요.
3. 투명 테이프를 이용해 고정합니다.

그물에 그림을 그리거나 색칠하고 싶다면 테이프로 붙이기 전에 하세요.

기하학적 개발 활동 책 작가 데이비드 E 맥아담스

저작권 2024. 우연적이고 비상업적인 교육적 용도로만 복사할 수 있습니다. 자세한 내용은 저작권 고지를 참조하세요.

육팔면체

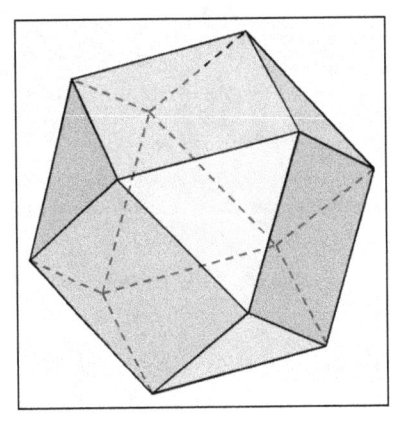

1. 실선을 따라 잘라주세요.
2. 점선을 따라 접으세요.
3. 투명 테이프를 이용해 고정합니다.

그물에 그림을 그리거나 색칠하고
싶다면 테이프로 붙이기 전에
하세요.

기하학적 개발 활동 책 작가 데이비드 E 맥아담스

저작권 2024. 우연적이고 비상업적인 교육적 용도로만 복사할 수 있습니다. 자세한 내용은 저작권 고지를 참조하세요.

원기둥

1. 실선을 따라 잘라주세요. 직사각형에서 원을 잘라내지 않도록 주의하세요.
2. 직사각형을 원통 모양으로 굴립니다.
3. 원통에 맞게 원을 접습니다.
4. 투명 테이프를 사용하여 고정합니다.

그물에 그림을 그리거나 색칠하고 싶다면 테이프로 붙이기 전에 하세요.

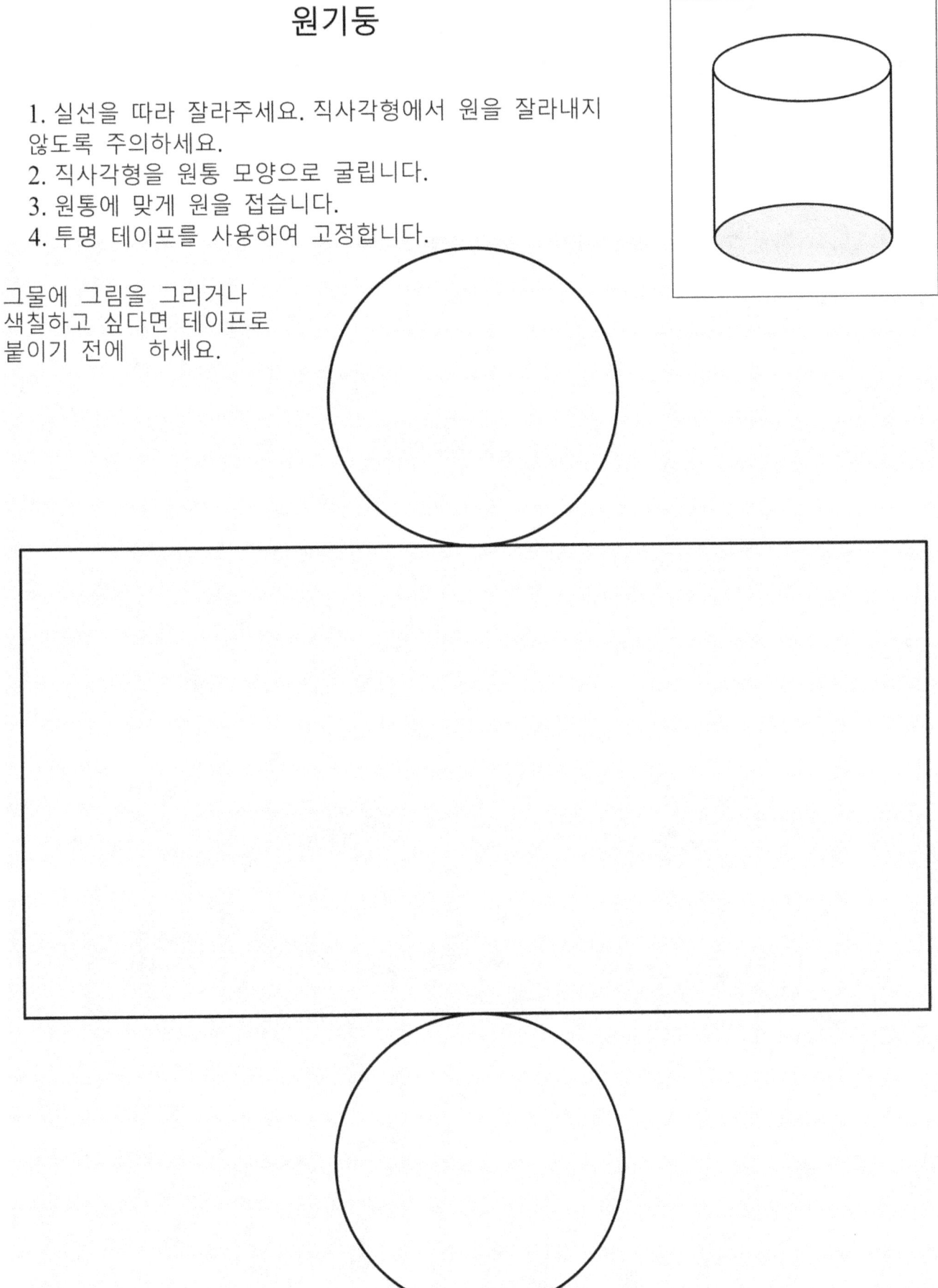

기하학적 개발 활동 책 작가 데이비드 E 맥아담스

저작권 2024. 우연적이고 비상업적인 교육적 용도로만 복사할 수 있습니다. 자세한 내용은 저작권 고지를 참조하세요.

십각형 반원기둥

1. 실선을 따라 잘라주세요.
2. 점선을 따라 접으세요.
3. 투명 테이프를 이용해 고정합니다.

그물에 그림을 그리거나 색칠하고 싶다면 테이프로 붙이기 전에 하세요.

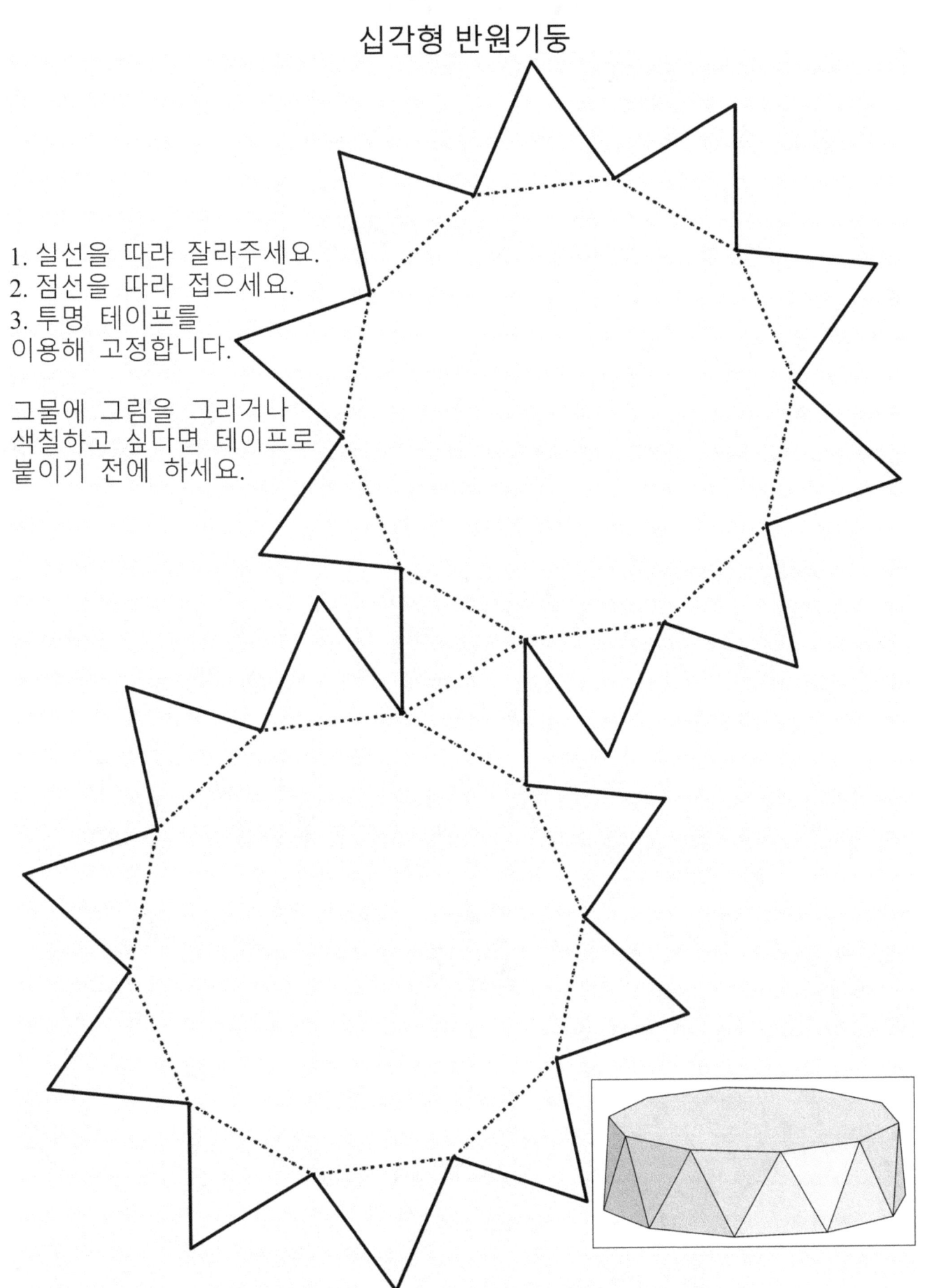

기하학적 개발 활동 책 작가 데이비드 E 맥아담스

십각 프리즘

1. 실선을 따라 잘라주세요.
2. 점선을 따라 접으세요.
3. 투명 테이프를 이용해 고정합니다.

그물에 그림을 그리거나 색칠하고 싶다면 테이프로 붙이기 전에 하세요.

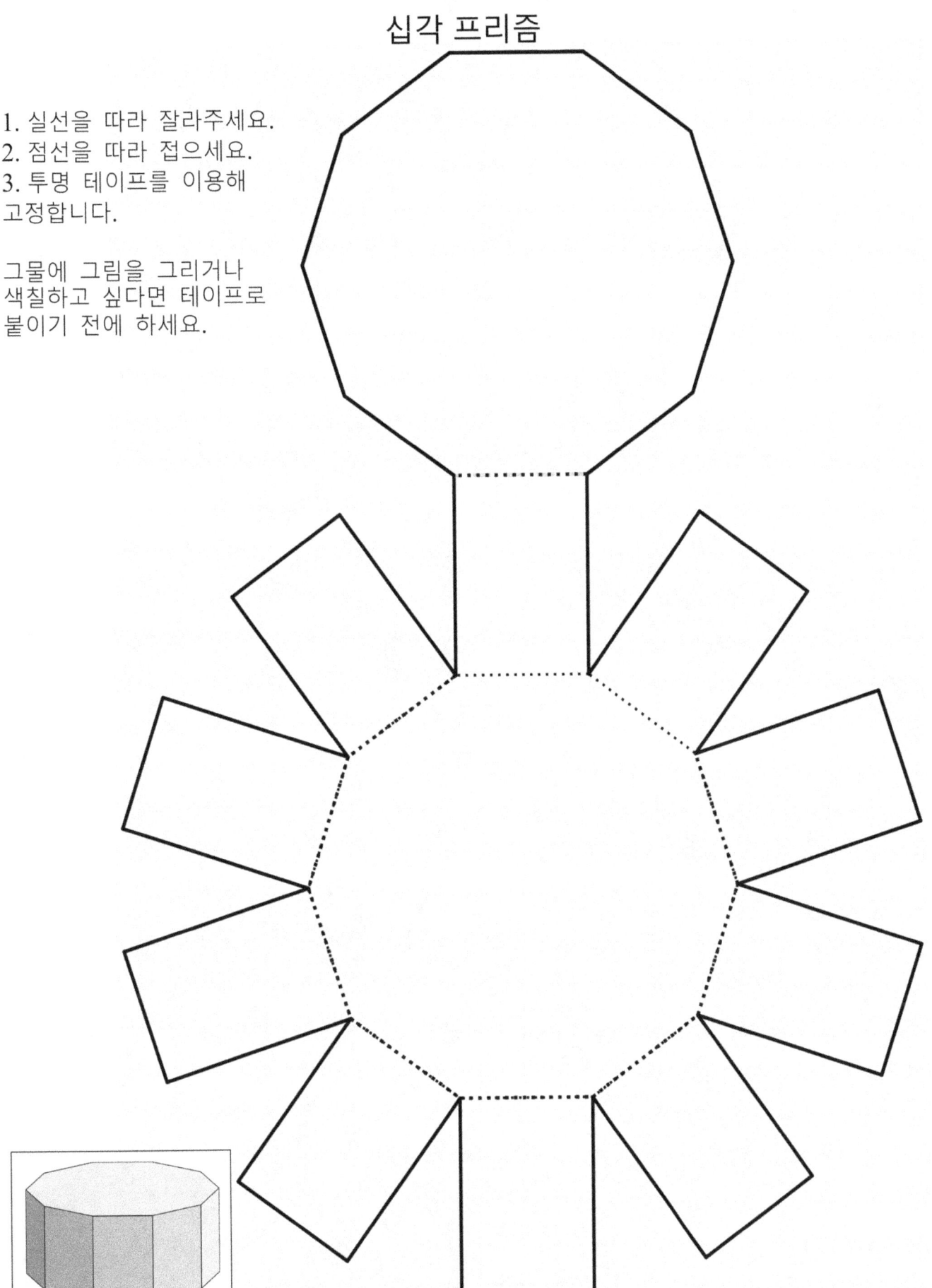

기하학적 개발 활동 책 작가 데이비드 E 맥아담스

삼각형 이코사이트 사면체

1. 실선을 따라 잘라주세요.
2. 점선을 따라 접으세요.
3. 투명 테이프를 이용해 고정합니다.

그물에 그림을 그리거나 색칠하고 싶다면 테이프로 붙이기 전에 하세요.

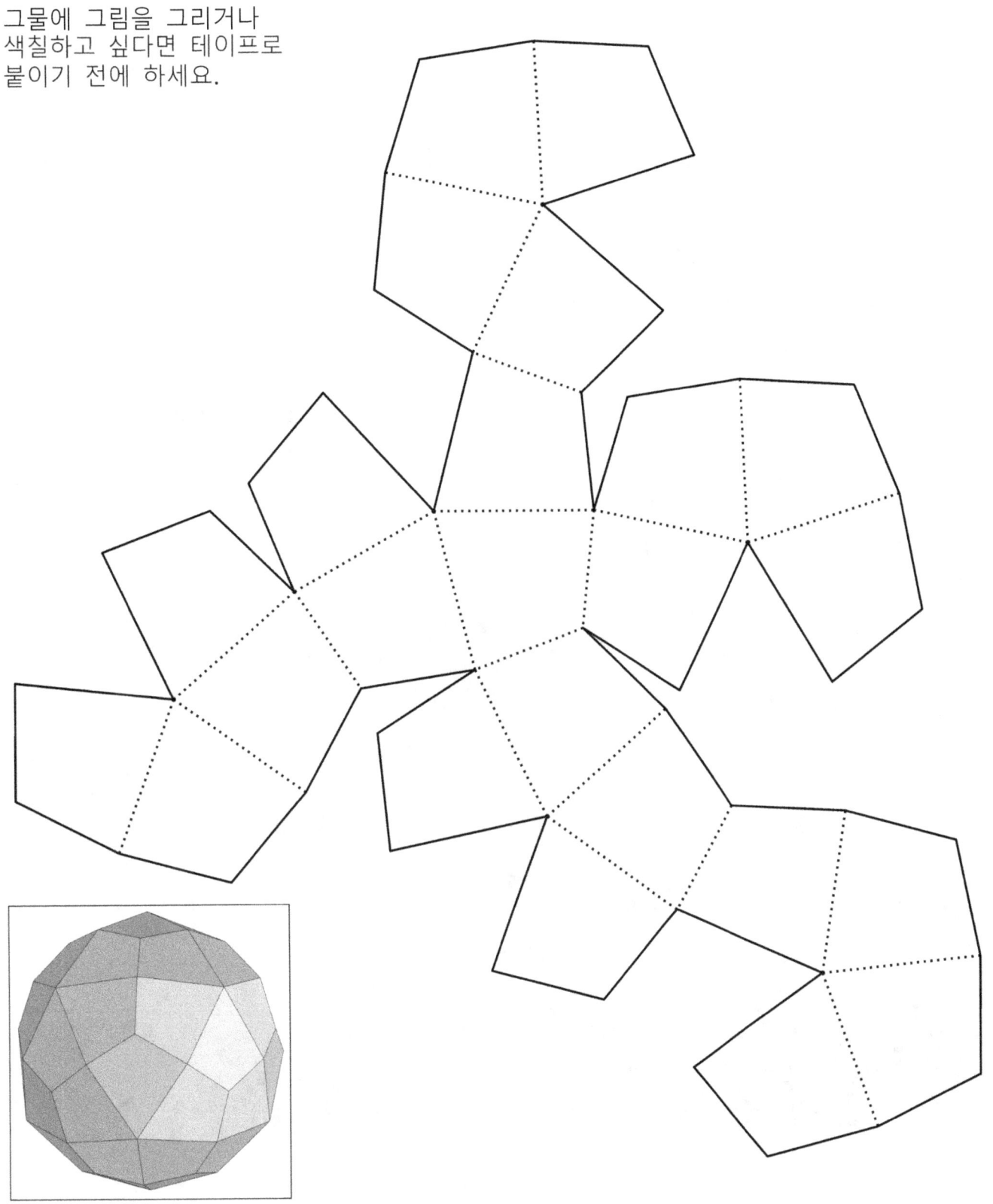

기하학적 개발 활동 책 작가 데이비드 E 맥아담스

저작권 2024. 우연적이고 비상업적인 교육적 용도로만 복사할 수 있습니다. 자세한 내용은 저작권 고지를 참조하세요.

주사위

1. 실선을 따라 잘라주세요.
2. 점선을 따라 접으세요.
3. 투명 테이프를 이용해 고정합니다.

그물에 그림을 그리거나 색칠하고 싶다면 테이프로 붙이기 전에 하세요.

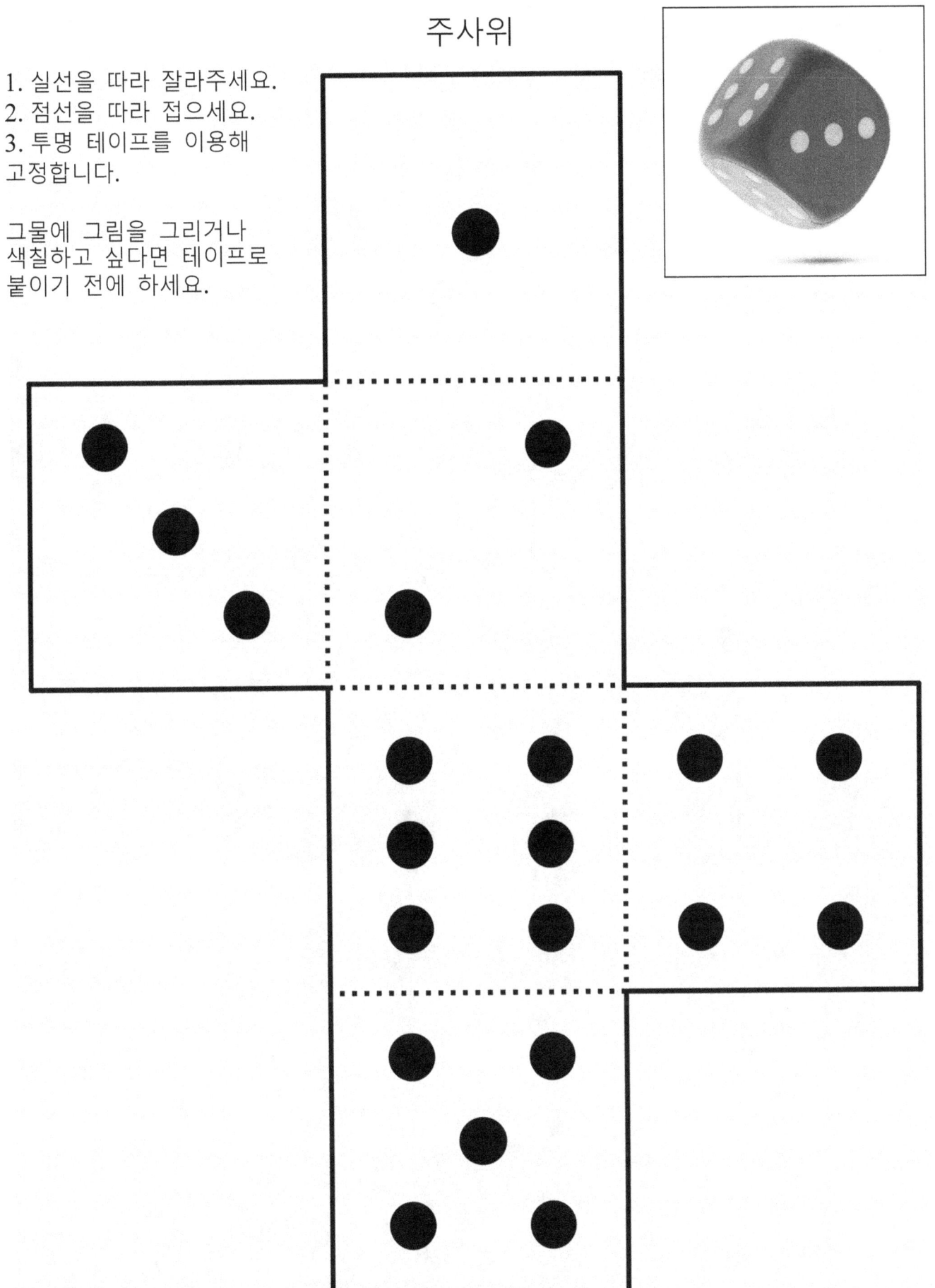

기하학적 개발 활동 책 작가 데이비드 E 맥아담스

디스디아키스 12 면체

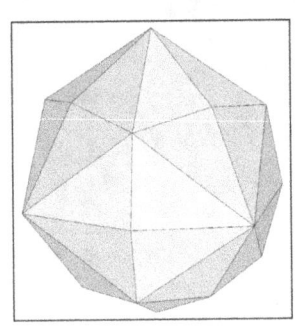

1. 실선을 따라 잘라주세요.
2. 점선을 따라 접으세요.
3. 투명 테이프를 이용해 고정합니다.

그물에 그림을 그리거나 색칠하고 싶다면 테이프로 붙이기 전에 하세요.

기하학적 개발 활동 책 작가 데이비드 E 맥아담스

수학 정십이면체

1. 실선을 따라 잘라주세요.
2. 점선을 따라 접으세요.
3. 투명 테이프를 이용해 고정합니다.

그물에 그림을 그리거나 색칠하고 싶다면 테이프로 붙이기 전에 하세요.

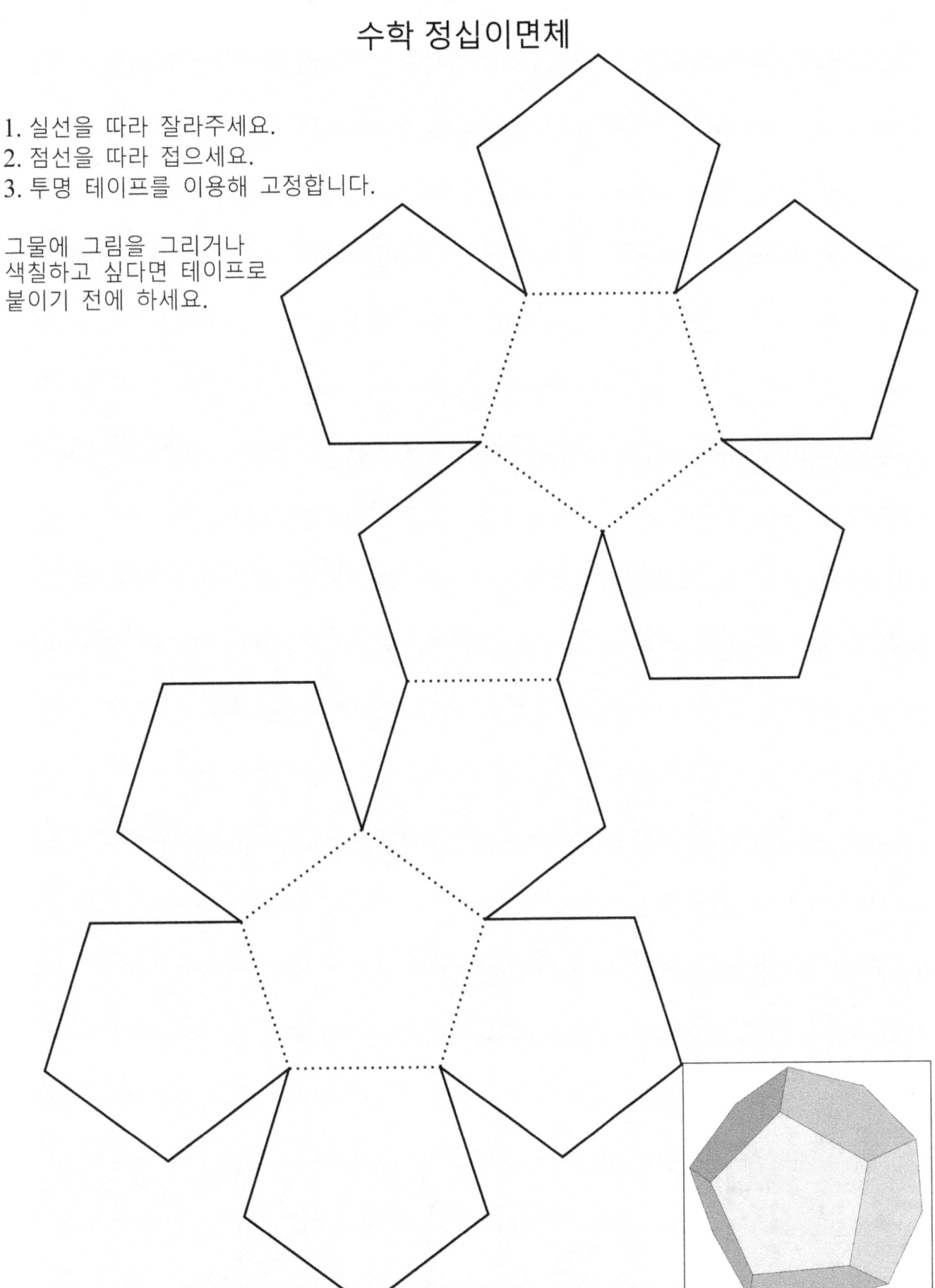

기하학적 개발 활동 책 작가 데이비드 E 맥아담스

길쭉한 오각형 큐폴라

1. 실선을 따라 잘라주세요.
2. 점선을 따라 접으세요.
3. 투명 테이프를 이용해 고정합니다.

그물에 그림을 그리거나 색칠하고 싶다면 테이프로 붙이기 전에 하세요.

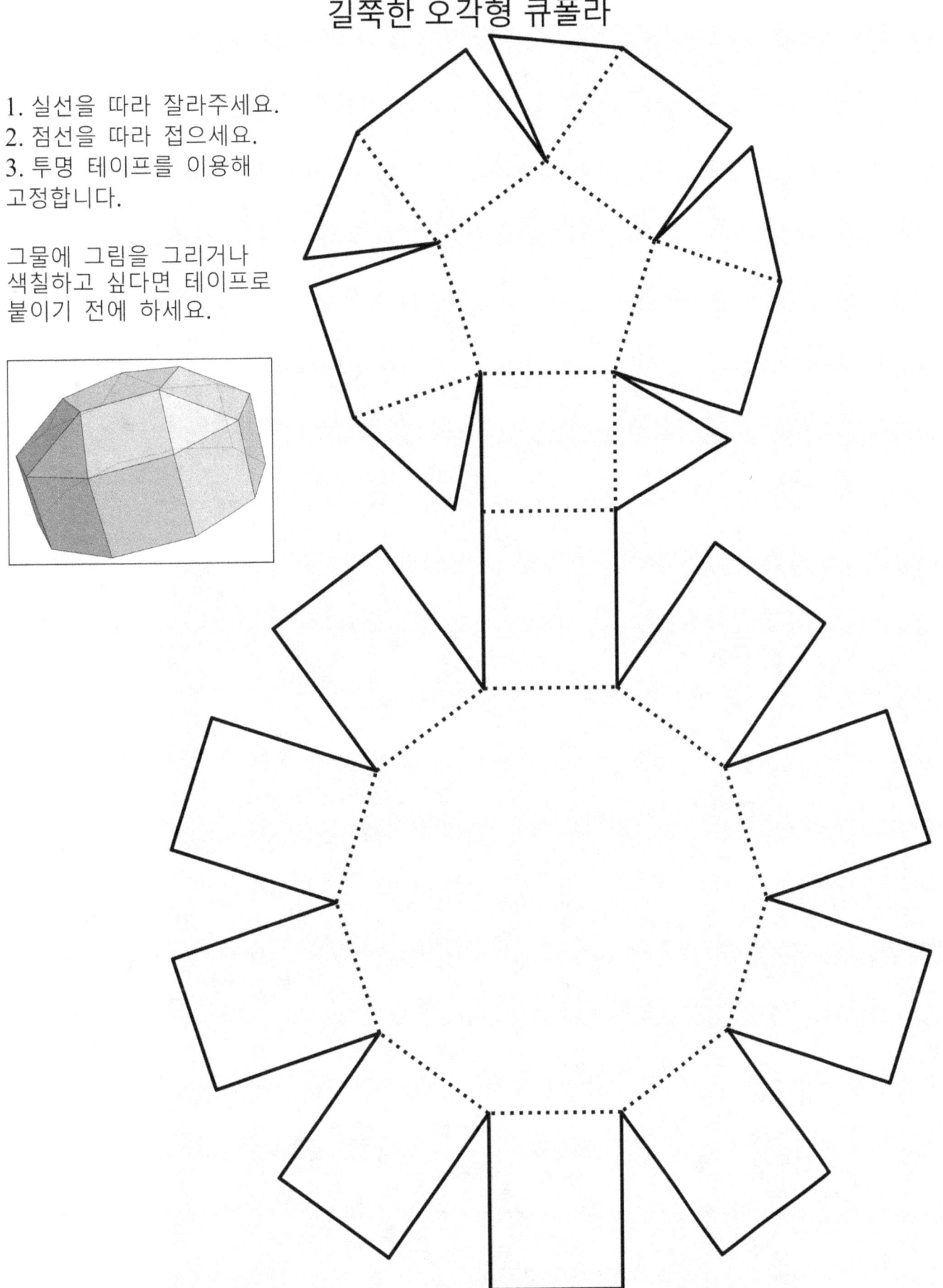

기하학적 개발 활동 책 작가 데이비드 E 맥아담스

길쭉한 오각형 쌍피라미드

1. 실선을 따라 잘라주세요.
2. 점선을 따라 접으세요.
3. 투명 테이프를 이용해 고정합니다.

그물에 그림을 그리거나 색칠하고 싶다면 테이프로 붙이기 전에 하세요.

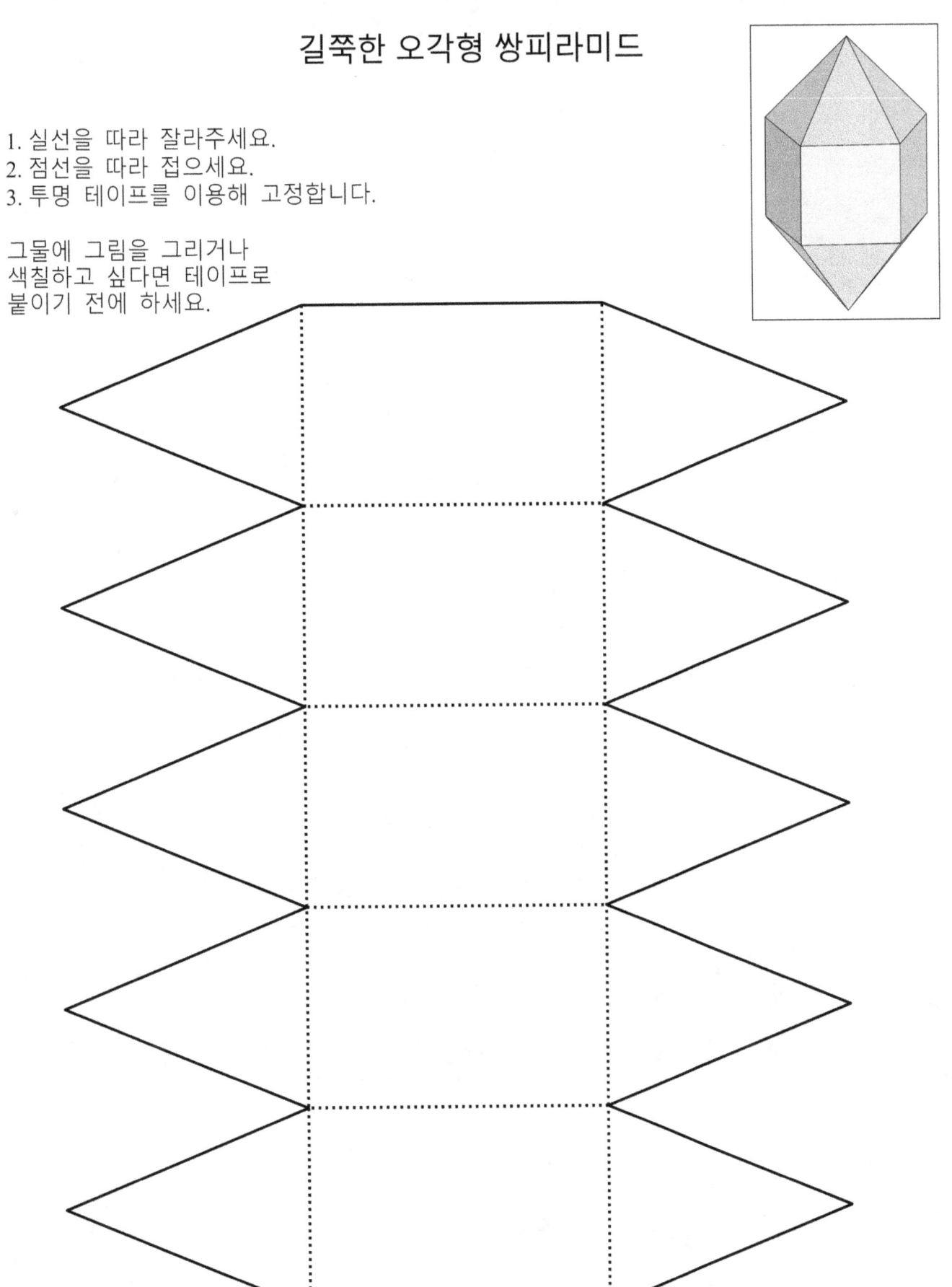

기하학적 개발 활동 책 작가 데이비드 E 맥아담스

저작권 2024. 우연적이고 비상업적인 교육적 용도로만 복사할 수 있습니다. 자세한 내용은 저작권 고지를 참조하세요.

늘린 오각뿔

1. 실선을 따라 잘라주세요.
2. 점선을 따라 접으세요.
3. 투명 테이프를 이용해 고정합니다.

그물에 그림을 그리거나 색칠하고 싶다면 테이프로 붙이기 전에 하세요.

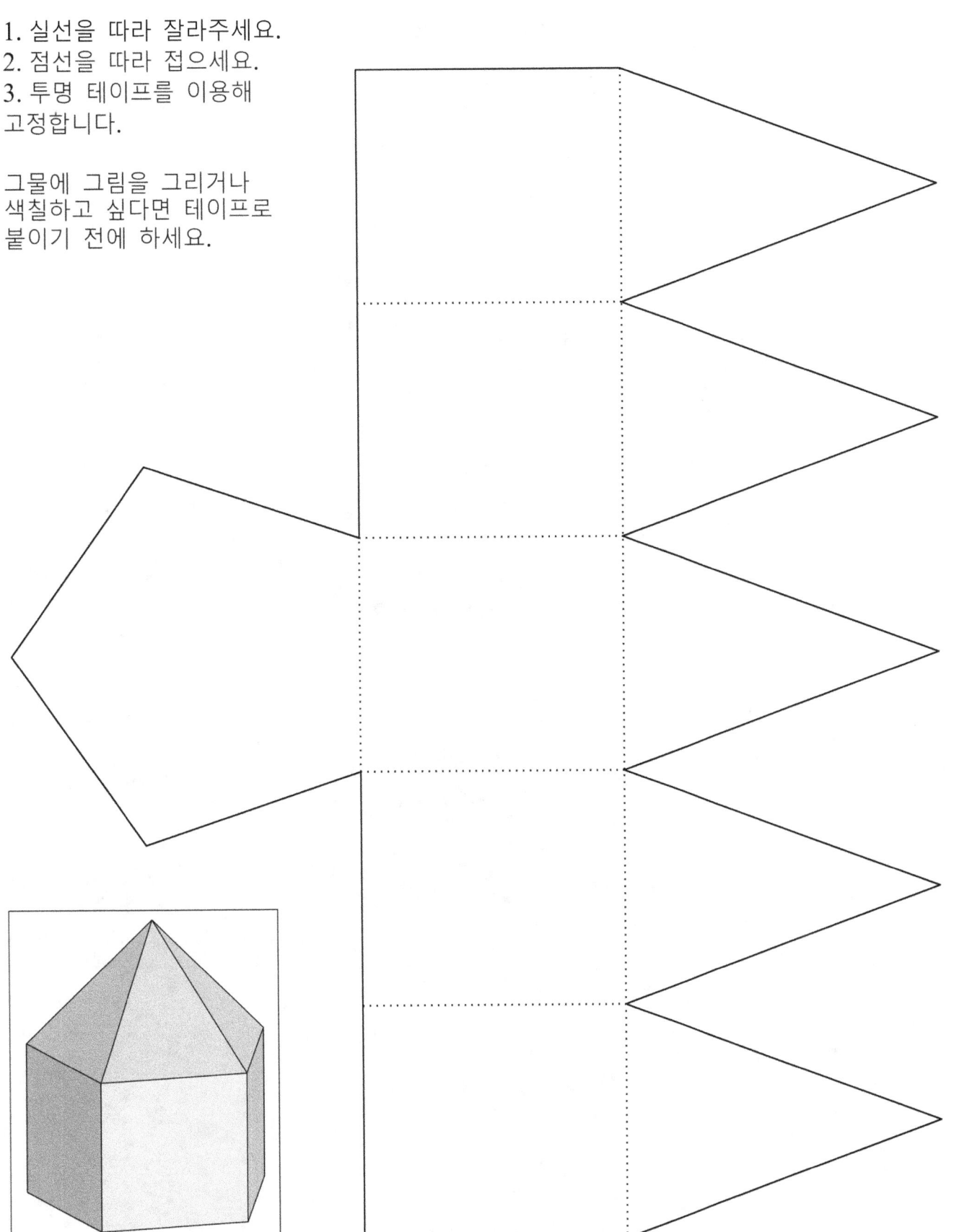

길쭉한 사각형 비피라미드

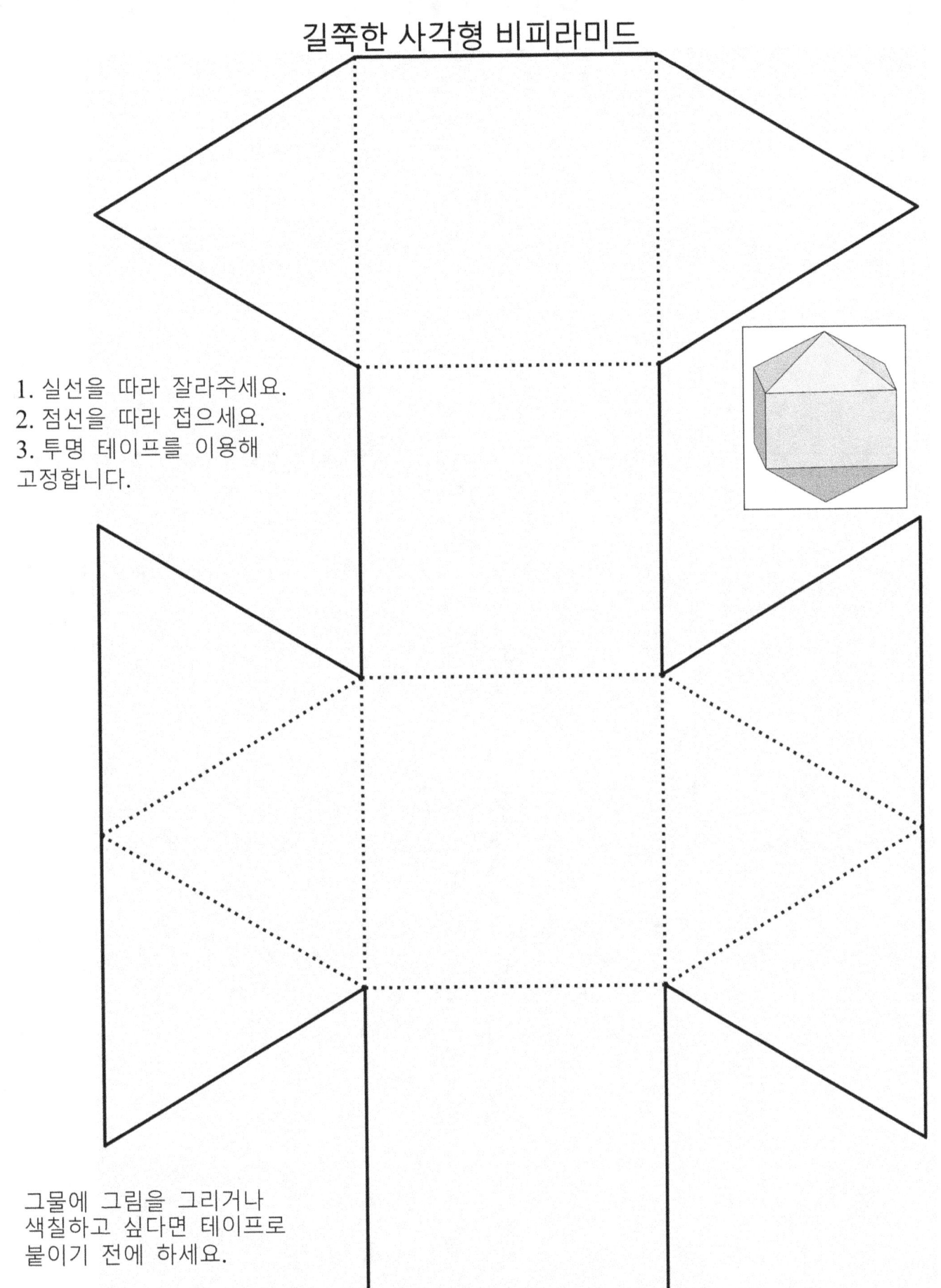

1. 실선을 따라 잘라주세요.
2. 점선을 따라 접으세요.
3. 투명 테이프를 이용해 고정합니다.

그물에 그림을 그리거나 색칠하고 싶다면 테이프로 붙이기 전에 하세요.

기하학적 개발 활동 책 작가 데이비드 E 맥아담스

저작권 2024. 우연적이고 비상업적인 교육적 용도로만 복사할 수 있습니다. 자세한 내용은 저작권 고지를 참조하세요.

늘린 사각뿔

1. 실선을 따라 잘라주세요.
2. 점선을 따라 접으세요.
3. 투명 테이프를 이용해 고정합니다.

그물에 그림을 그리거나 색칠하고 싶다면 테이프로 붙이기 전에 하세요.

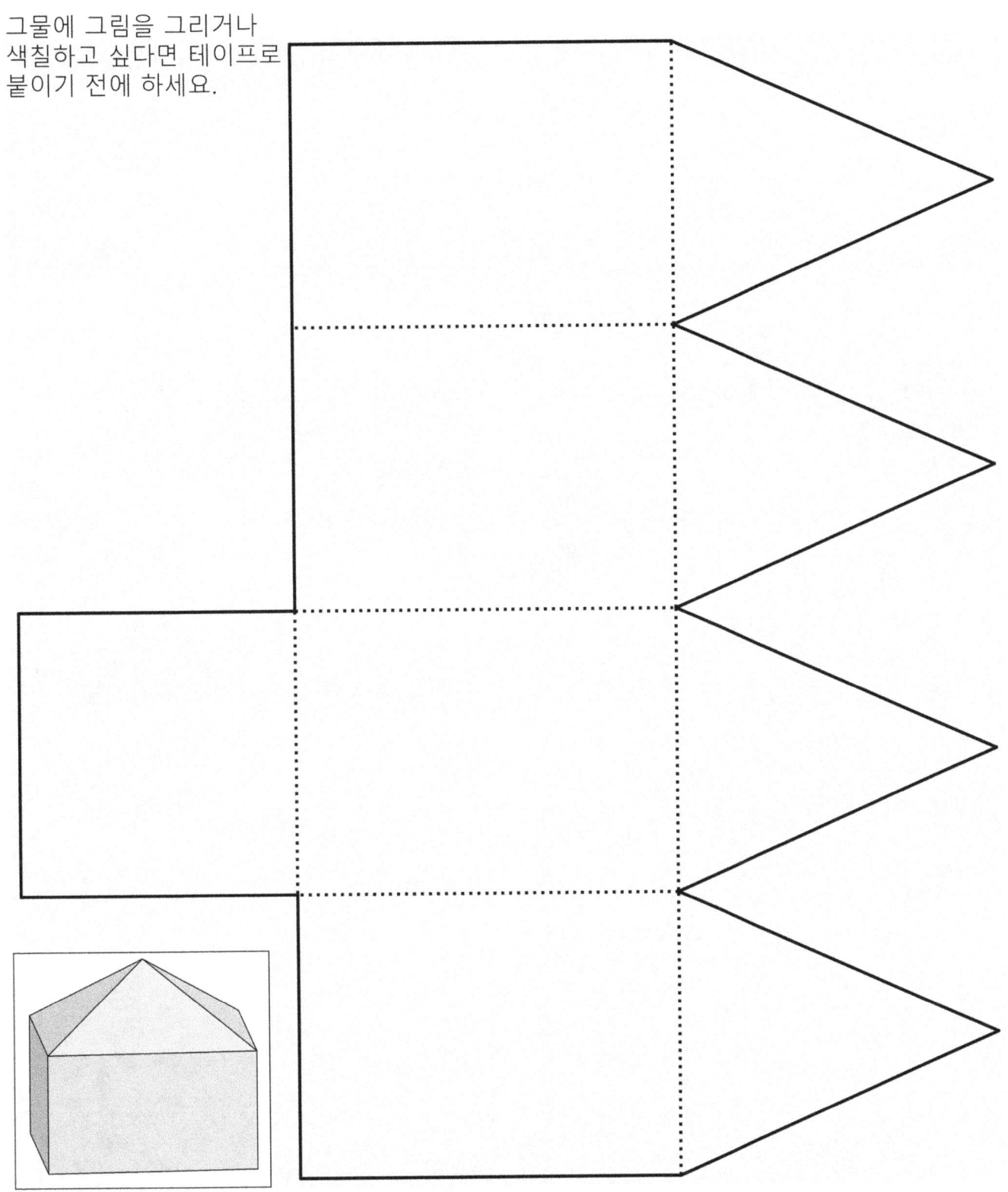

기하학적 개발 활동 책 작가 데이비드 E 맥아담스

길쭉한 삼각형 엇각기둥

1. 실선을 따라 잘라냅니다.
2. 점선(. . . .)을 따라 접습니다.
3. 점선(- - - -)을 따라 뒤로 접습니다.
4. 투명 테이프를 사용하여 고정합니다.

그물에 그림을 그리거나 색칠하고 싶다면 테이프로 붙이기 전에 하세요.

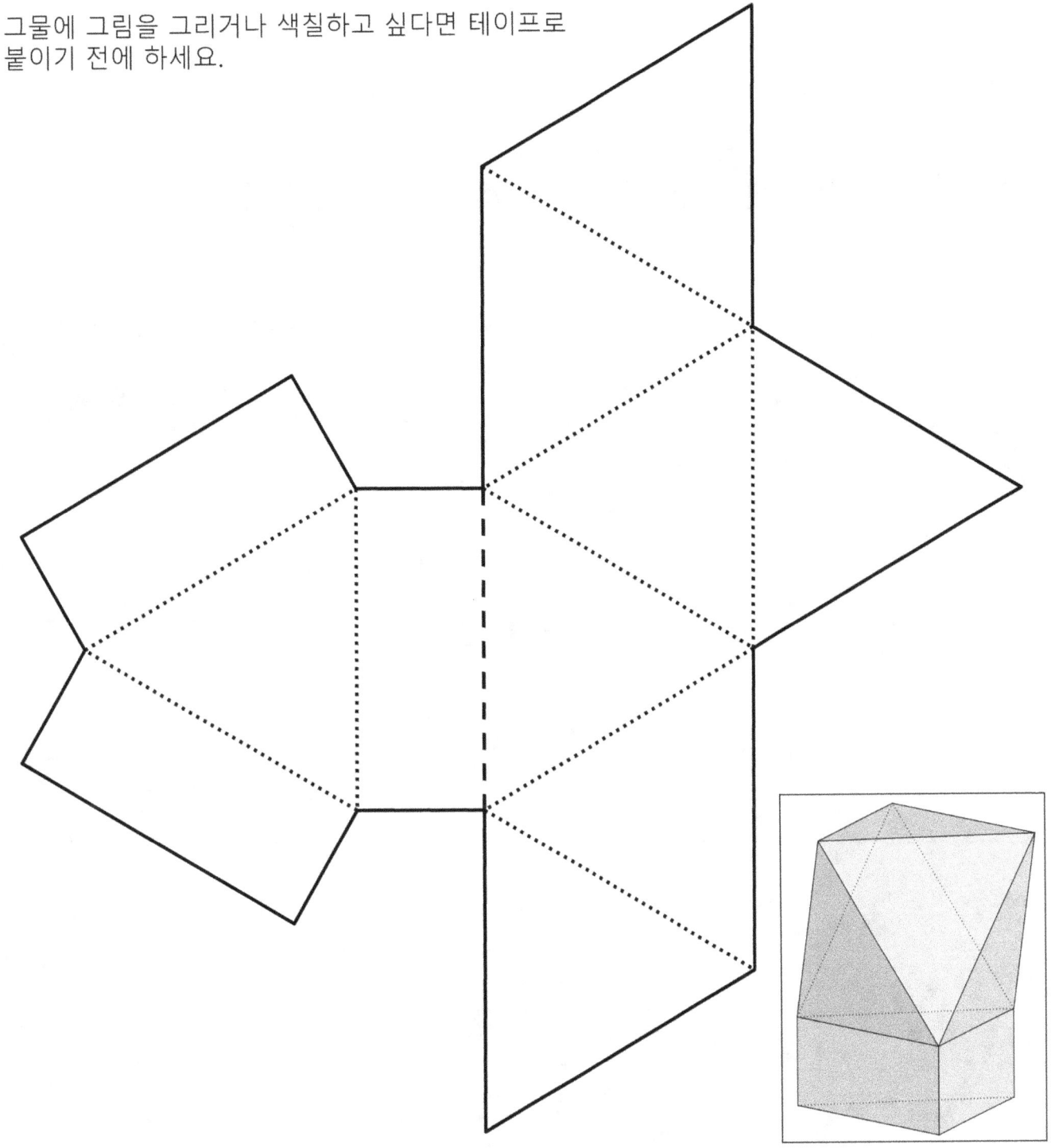

기하학적 개발 활동 책 작가 데이비드 E 맥아담스

저작권 2024. 우연적이고 비상업적인 교육적 용도로만 복사할 수 있습니다. 자세한 내용은 저작권 고지를 참조하세요.

길쭉한 삼각형 큐폴라

1. 실선을 따라 잘라주세요.
2. 점선을 따라 접으세요.
3. 투명 테이프를 이용해 고정합니다.

그물에 그림을 그리거나 색칠하고 싶다면 테이프로 붙이기 전에 하세요.

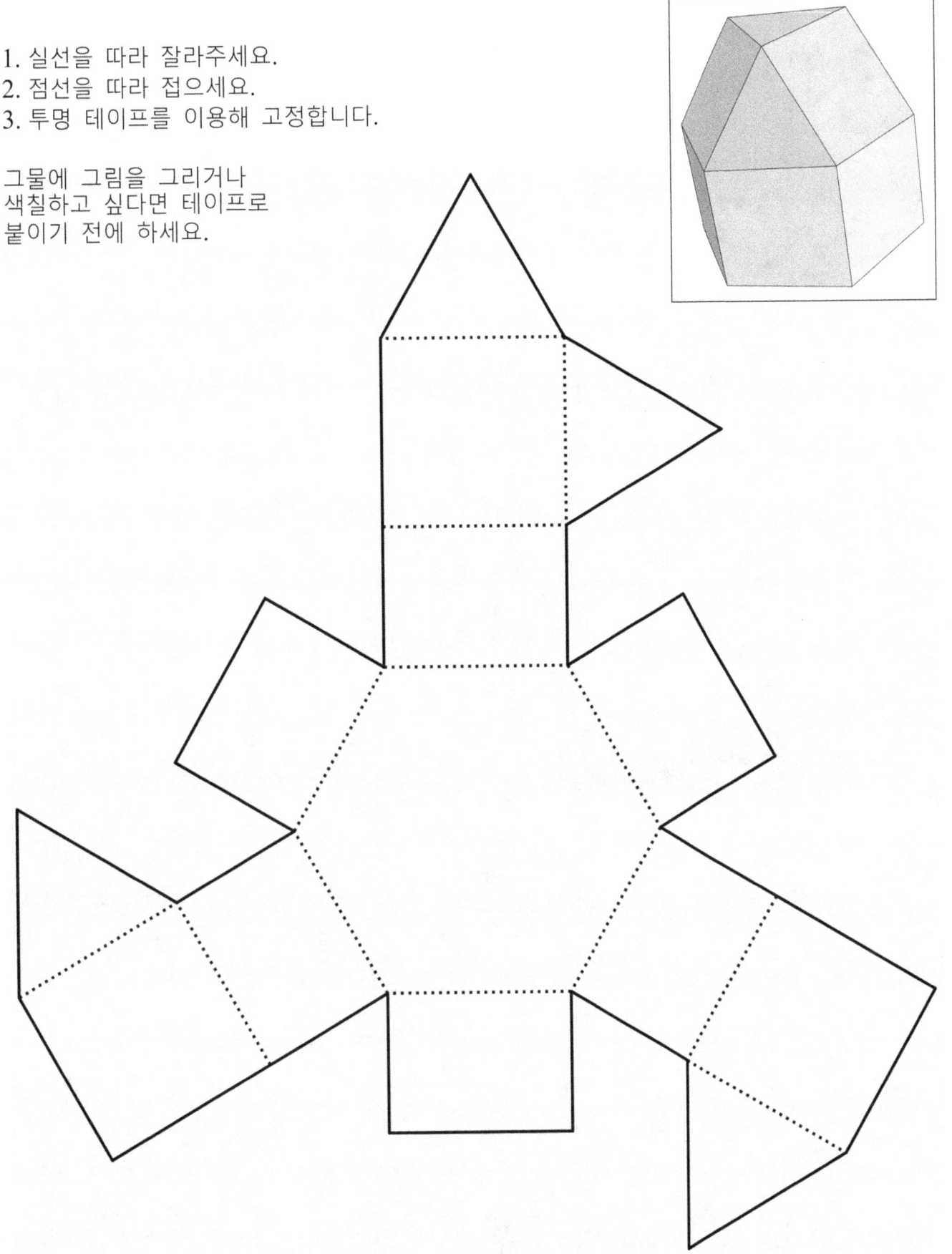

기하학적 개발 활동 책 작가 데이비드 E 맥아담스

저작권 2024. 우연적이고 비상업적인 교육적 용도로만 복사할 수 있습니다. 자세한 내용은 저작권 고지를 참조하세요.

길쭉한 삼각형 비피라미드

1. 실선을 따라 잘라주세요.
2. 점선을 따라 접으세요.
3. 투명 테이프를 이용해 고정합니다.

그물에 그림을 그리거나 색칠하고 싶다면 테이프로 붙이기 전에 하세요.

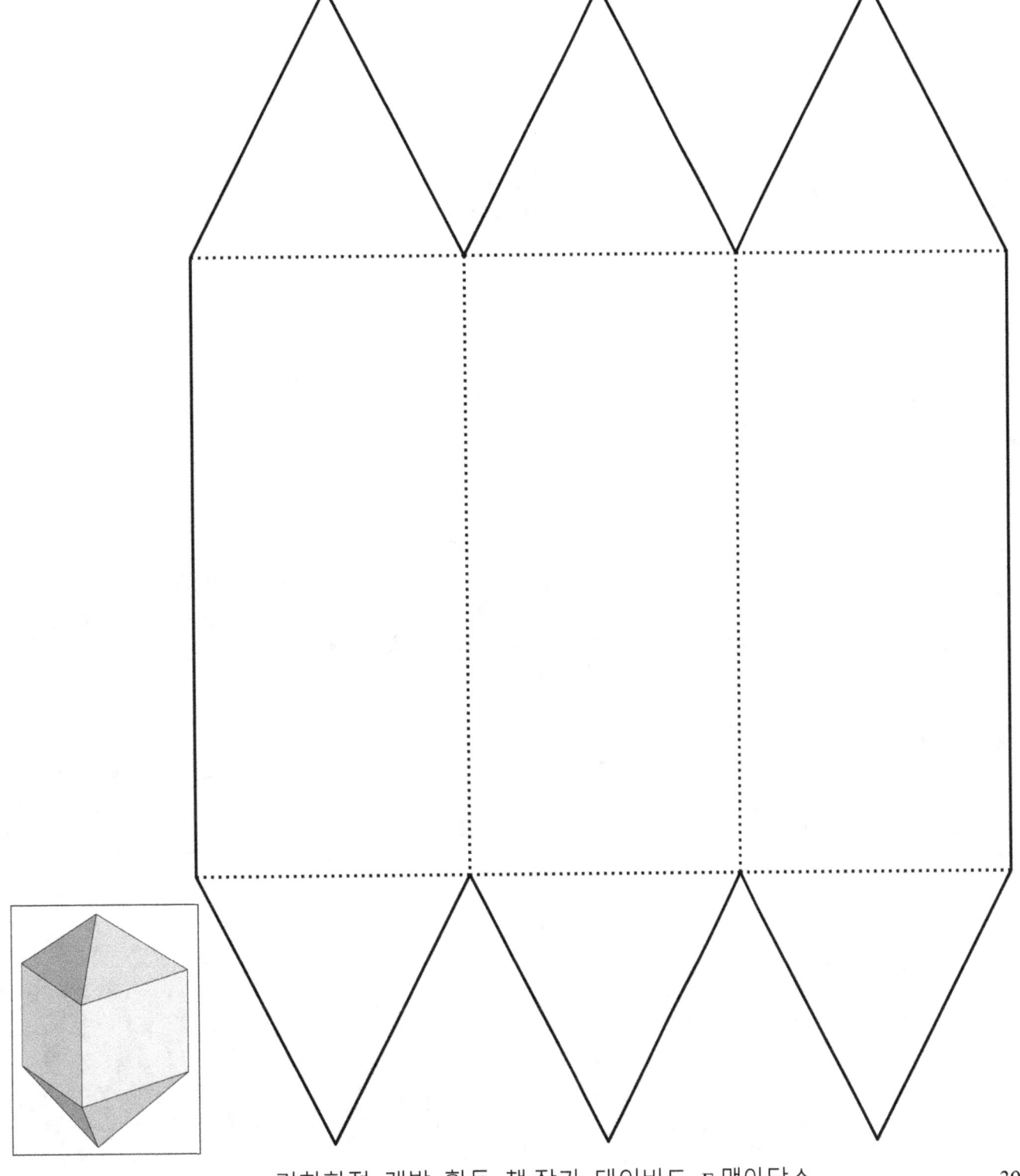

기하학적 개발 활동 책 작가 데이비드 E 맥아담스

저작권 2024. 우연적이고 비상업적인 교육적 용도로만 복사할 수 있습니다. 자세한 내용은 저작권 고지를 참조하세요.

늘린 삼각뿔

1. 실선을 따라 잘라주세요.
2. 점선을 따라 접으세요.
3. 투명 테이프를 이용해 고정합니다.

그물에 그림을 그리거나 색칠하고 싶다면 테이프로 붙이기 전에 하세요.

기하학적 개발 활동 책 작가 데이비드 E 맥아담스

저작권 2024. 우연적이고 비상업적인 교육적 용도로만 복사할 수 있습니다. 자세한 내용은 저작권 고지를 참조하세요.

십각 피라미드 수학 절두체

1. 실선을 따라 잘라주세요.
2. 점선을 따라 접으세요.
3. 투명 테이프를 이용해 고정합니다.

그물에 그림을 그리거나 색칠하고 싶다면 테이프로 붙이기 전에 하세요.

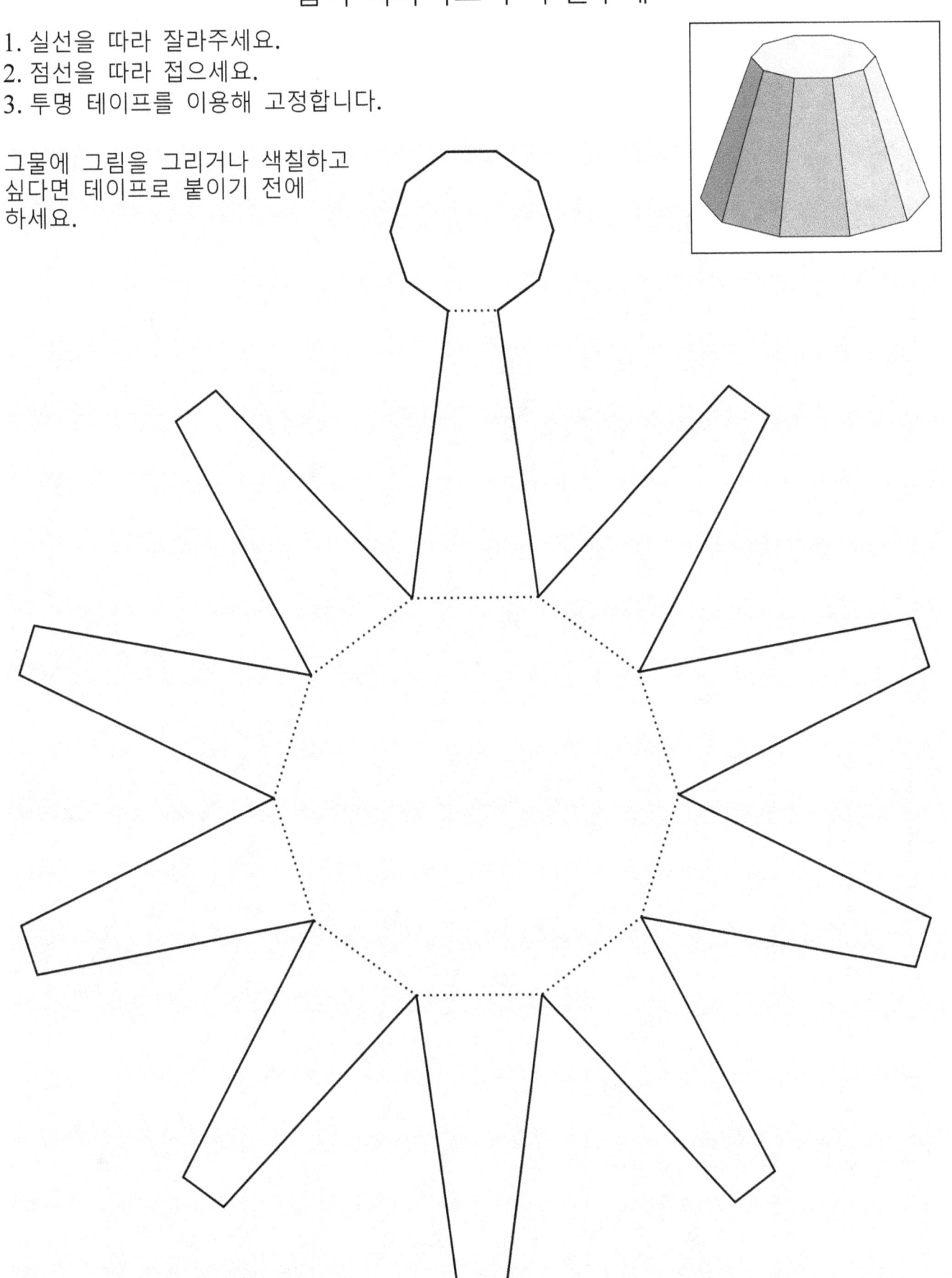

기하학적 개발 활동 책 작가 데이비드 E 맥아담스

사변 피라미드 수학 절두체

1. 실선을 따라 잘라주세요.
2. 점선을 따라 접으세요.
3. 투명 테이프를 이용해 고정합니다.

그물에 그림을 그리거나 색칠하고 싶다면 테이프로 붙이기 전에 하세요.

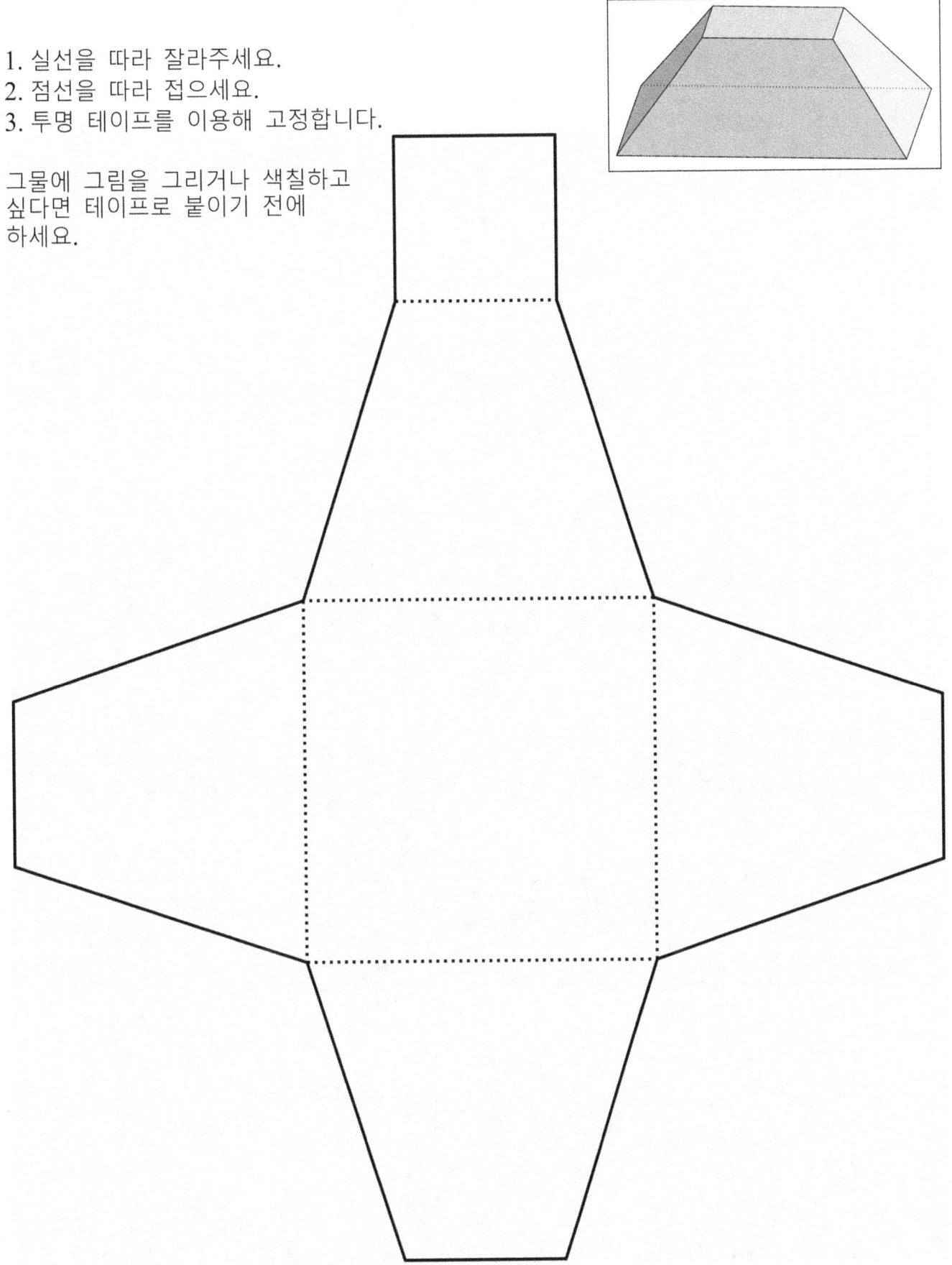

기하학적 개발 활동 책 작가 데이비드 E 맥아담스

저작권 2024. 우연적이고 비상업적인 교육적 용도로만 복사할 수 있습니다. 자세한 내용은 저작권 고지를 참조하세요.

수학 3 각뿔 수학 절두체

1. 실선을 따라 잘라주세요.
2. 점선을 따라 접으세요.
3. 투명 테이프를 이용해 고정합니다.

그물에 그림을 그리거나 색칠하고
싶다면 테이프로 붙이기 전에 하세요.

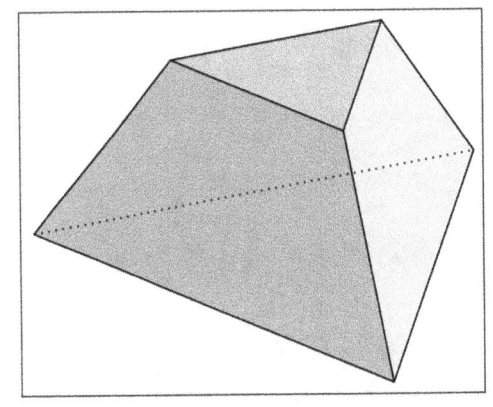

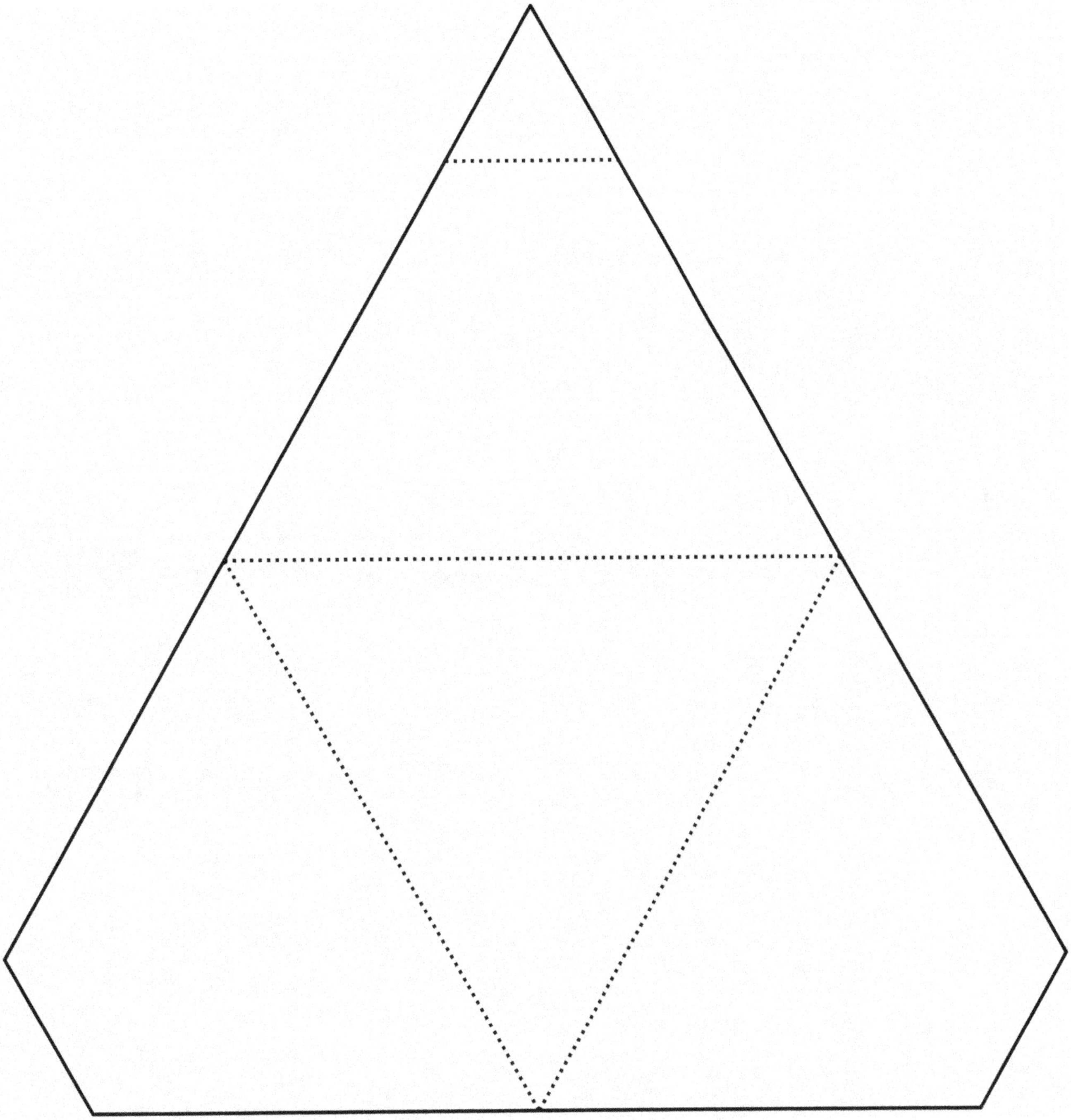

기하학적 개발 활동 책 작가 데이비드 E 맥아담스
저작권 2024. 우연적이고 비상업적인 교육적 용도로만 복사할 수 있습니다. 자세한 내용은 저작권 고지를 참조하세요.

큰 십이면체

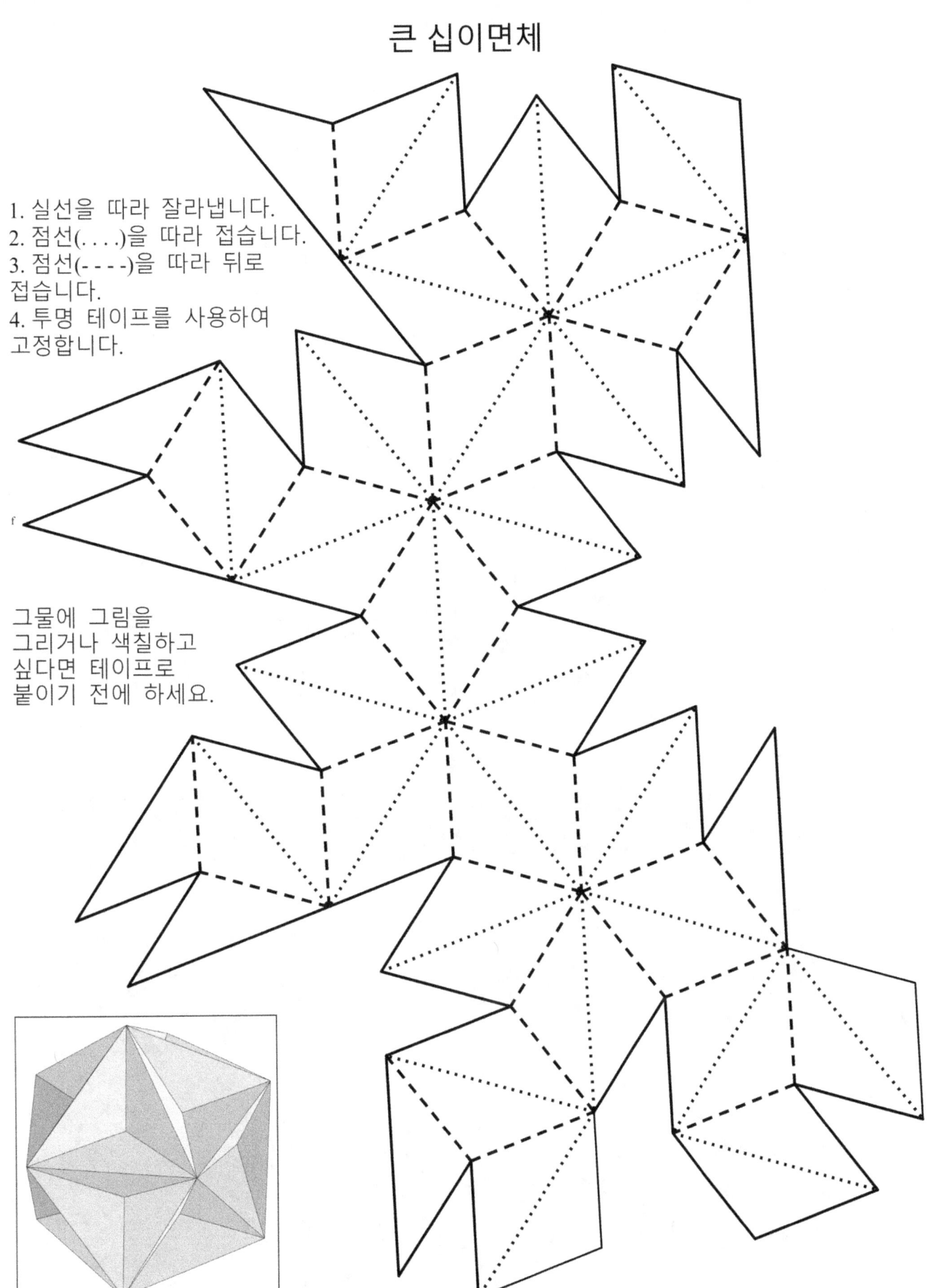

1. 실선을 따라 잘라냅니다.
2. 점선(....)을 따라 접습니다.
3. 점선(----)을 따라 뒤로 접습니다.
4. 투명 테이프를 사용하여 고정합니다.

그물에 그림을 그리거나 색칠하고 싶다면 테이프로 붙이기 전에 하세요.

기하학적 개발 활동 책 작가 데이비드 E 맥아담스

저작권 2024. 우연적이고 비상업적인 교육적 용도로만 복사할 수 있습니다. 자세한 내용은 저작권 고지를 참조하세요.

큰 별모양 십이면체

1. 이것은 두 부분으로 된 다이어그램입니다. 절반은 이 페이지에 있고 절반은 다음 페이지에 있습니다.
2. 실선을 따라 두 부분을 모두 잘라냅니다.
3. 두 부분을 라벨 'A'에서 테이프로 붙입니다.
4. 점선을 따라 접습니다.
5. 투명 테이프를 사용하여 고정합니다.

그물에 그림을 그리거나 색칠하고 싶다면 테이프로 붙이기 전에 하세요.

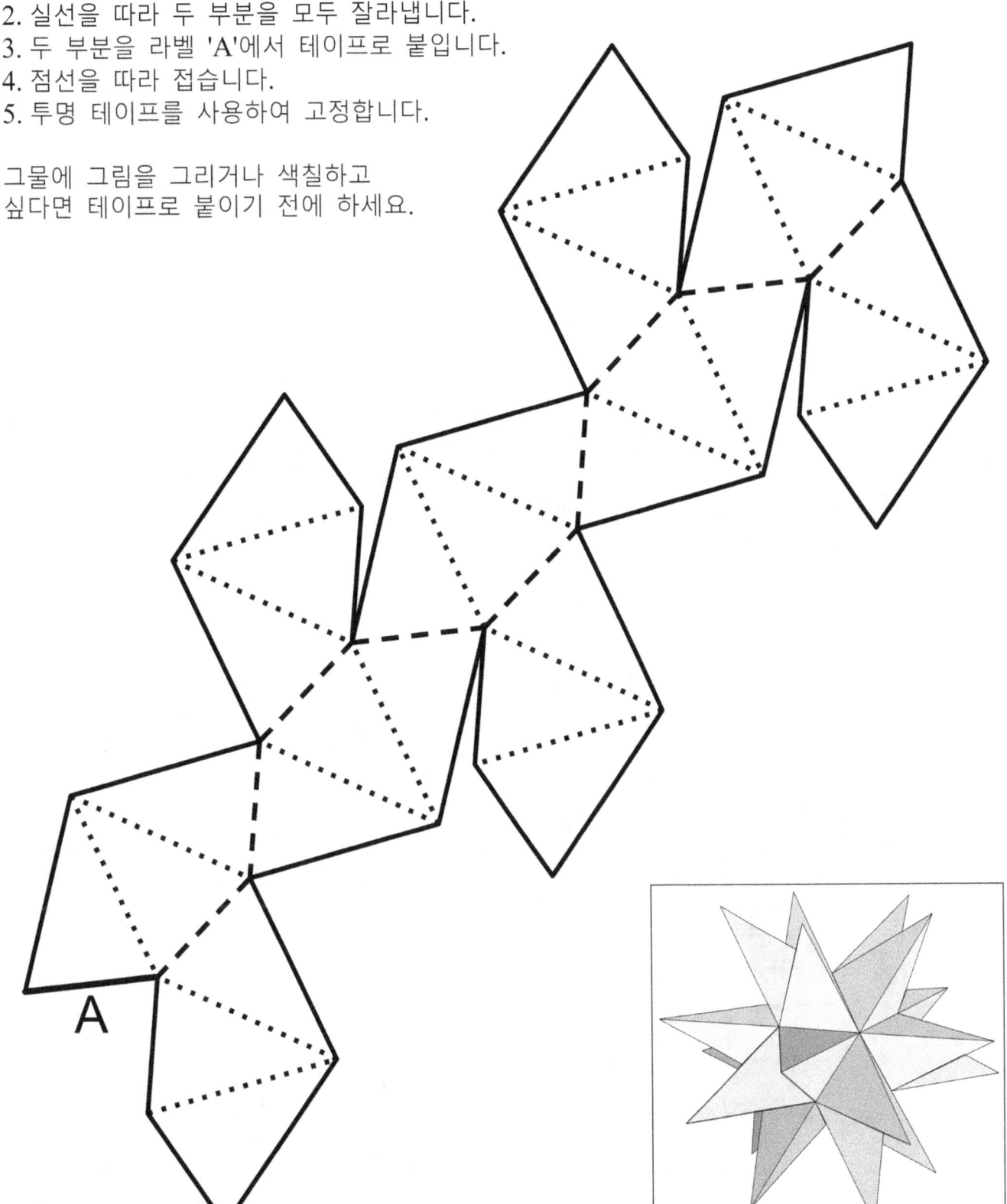

기하학적 개발 활동 책 작가 데이비드 E 맥아담스

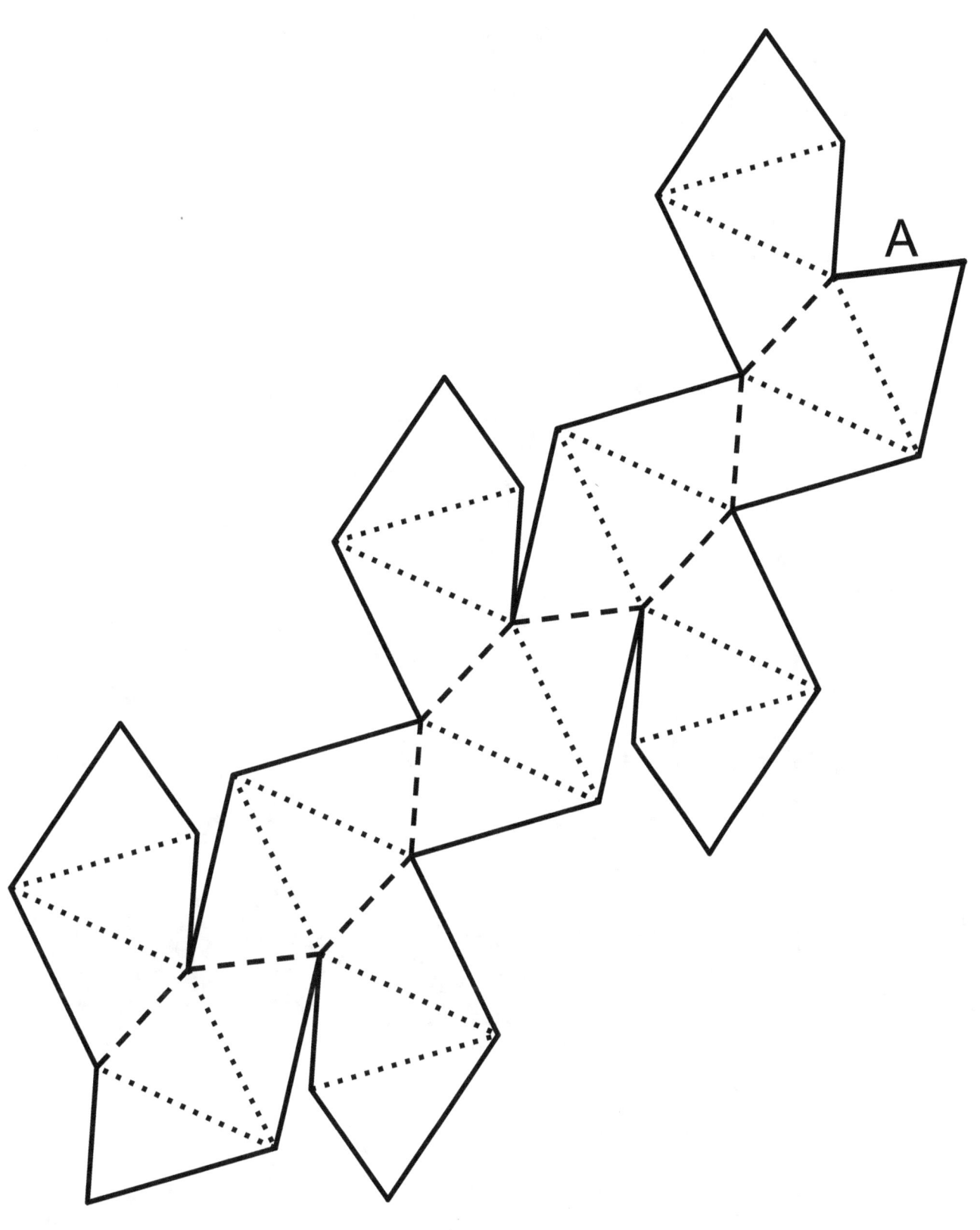

회전형 길쭉한 오각형 피라미드

1. 실선을 따라 잘라주세요.
2. 점선을 따라 접으세요.
3. 투명 테이프를 이용해 고정합니다.

그물에 그림을 그리거나 색칠하고 싶다면 테이프로 붙이기 전에 하세요.

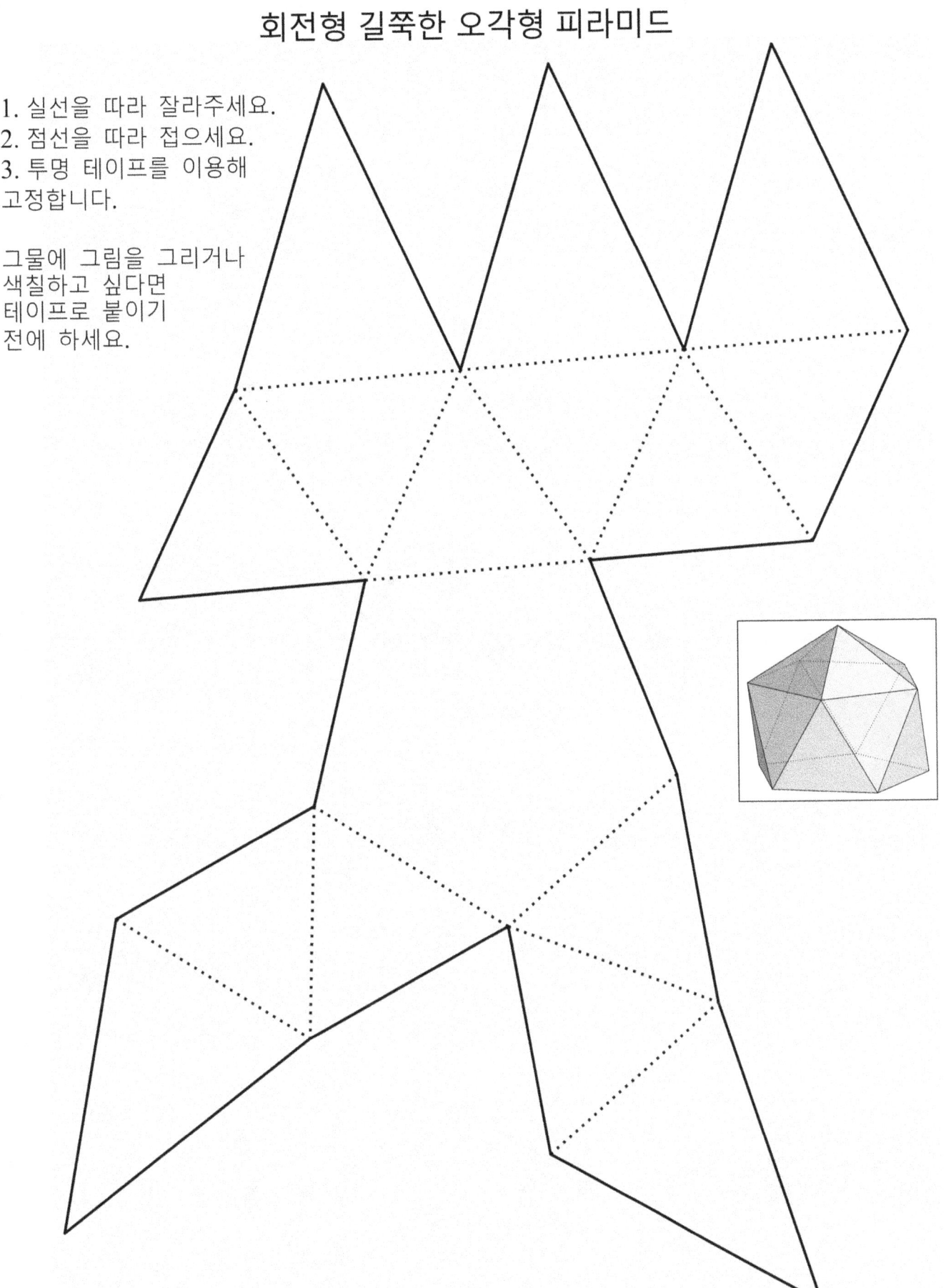

기하학적 개발 활동 책 작가 데이비드 E 맥아담스

저작권 2024. 우연적이고 비상업적인 교육적 용도로만 복사할 수 있습니다. 자세한 내용은 저작권 고지를 참조하세요.

회전식 길쭉한 사각형 이중 피라미드

1. 실선을 따라 잘라주세요.
2. 점선을 따라 접으세요.
3. 투명 테이프를 이용해 고정합니다.

그물에 그림을 그리거나 색칠하고 싶다면
테이프로 붙이기 전에 하세요.

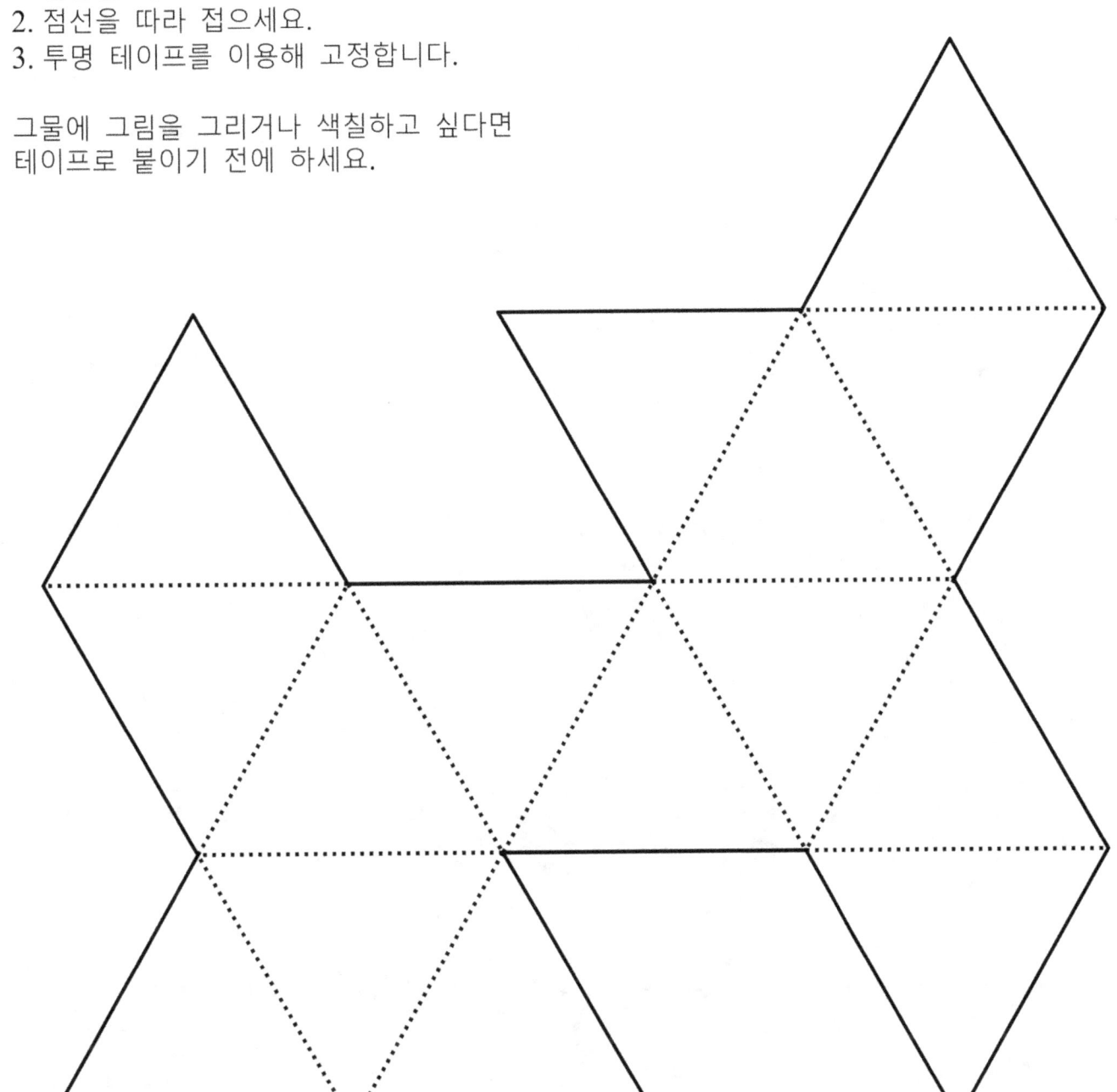

기하학적 개발 활동 책 작가 데이비드 E 맥아담스

자이로롱게이티드 스퀘어 프리즘

1. 실선을 따라 잘라냅니다.
2. 점선(. . . .)을 따라 접습니다.
3. 점선(- - - -)을 따라 뒤로 접습니다.
4. 투명 테이프를 사용하여 고정합니다.

그물에 그림을 그리거나 색칠하고 싶다면 테이프로 붙이기 전에 하세요.

지하학적 개발 활동 책 작가 데이비드 E 맥아담스

저작권 2024. 우연적이고 비상업적인 교육적 용도로만 복사할 수 있습니다. 자세한 내용은 저작권 고지를 참조하세요.

회전식 길쭉한 사각형 피라미드

1. 실선을 따라 잘라주세요.
2. 점선을 따라 접으세요.
3. 투명 테이프를 이용해 고정합니다.

그물에 그림을 그리거나 색칠하고 싶다면 테이프로 붙이기 전에 하세요.

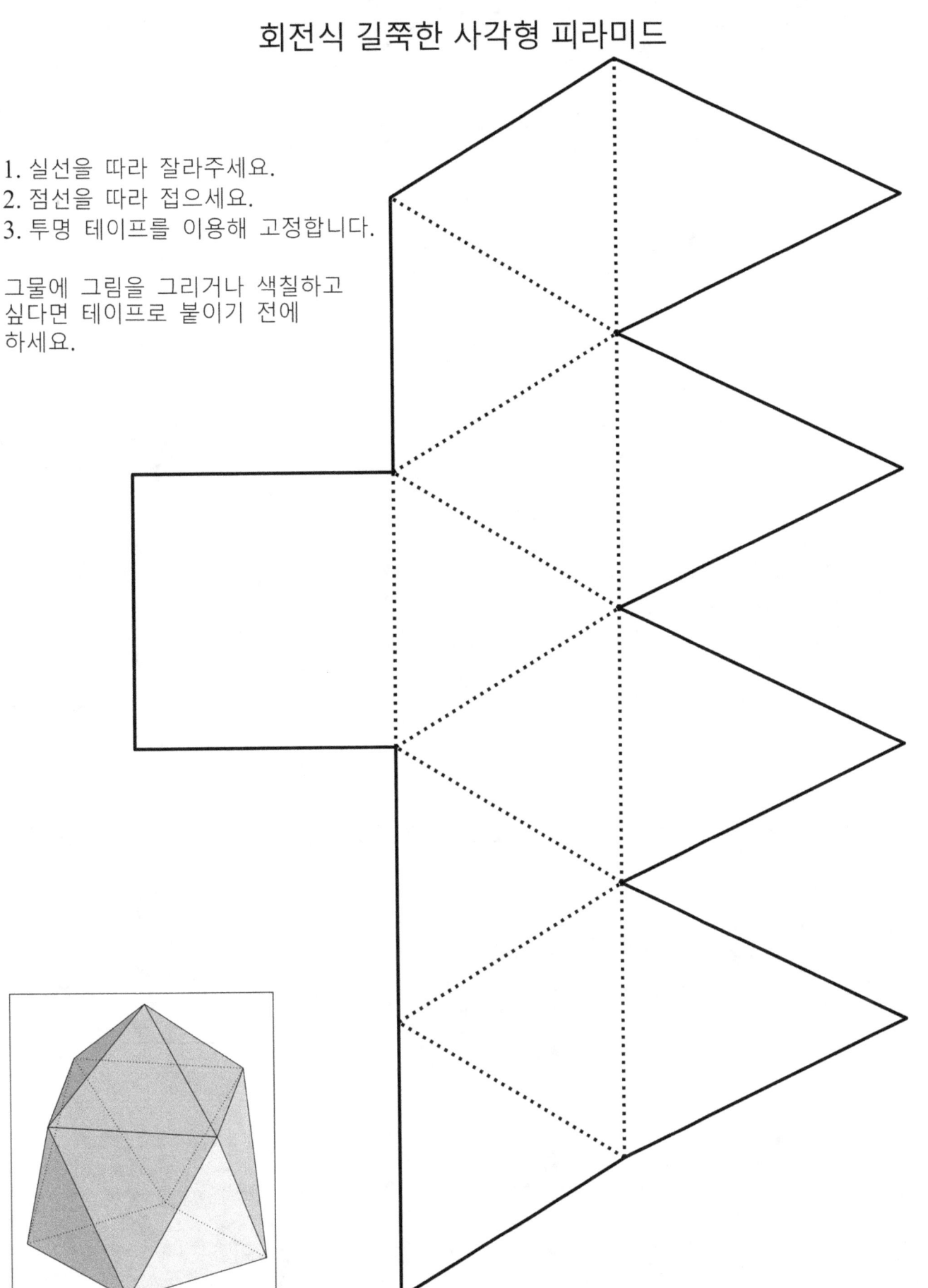

기하학적 개발 활동 책 작가 데이비드 E 맥아담스

칠각 피라미드

1. 실선을 따라 잘라주세요.
2. 점선을 따라 접으세요.
3. 투명 테이프를 이용해 고정합니다.

그물에 그림을 그리거나 색칠하고 싶다면 테이프로 붙이기 전에 하세요.

기하학적 개발 활동 책 작가 데이비드 E 맥아담스

저작권 2024. 우연적이고 비상업적인 교육적 용도로만 복사할 수 있습니다. 자세한 내용은 저작권 고지를 참조하세요.

칠면체 4,4,4,3,3,3,3

1. 실선을 따라 잘라주세요.
2. 점선을 따라 접으세요.
3. 투명 테이프를 이용해 고정합니다.
그물에 그림을 그리거나 색칠하고 싶다면 테이프로 붙이기 전에 하세요.

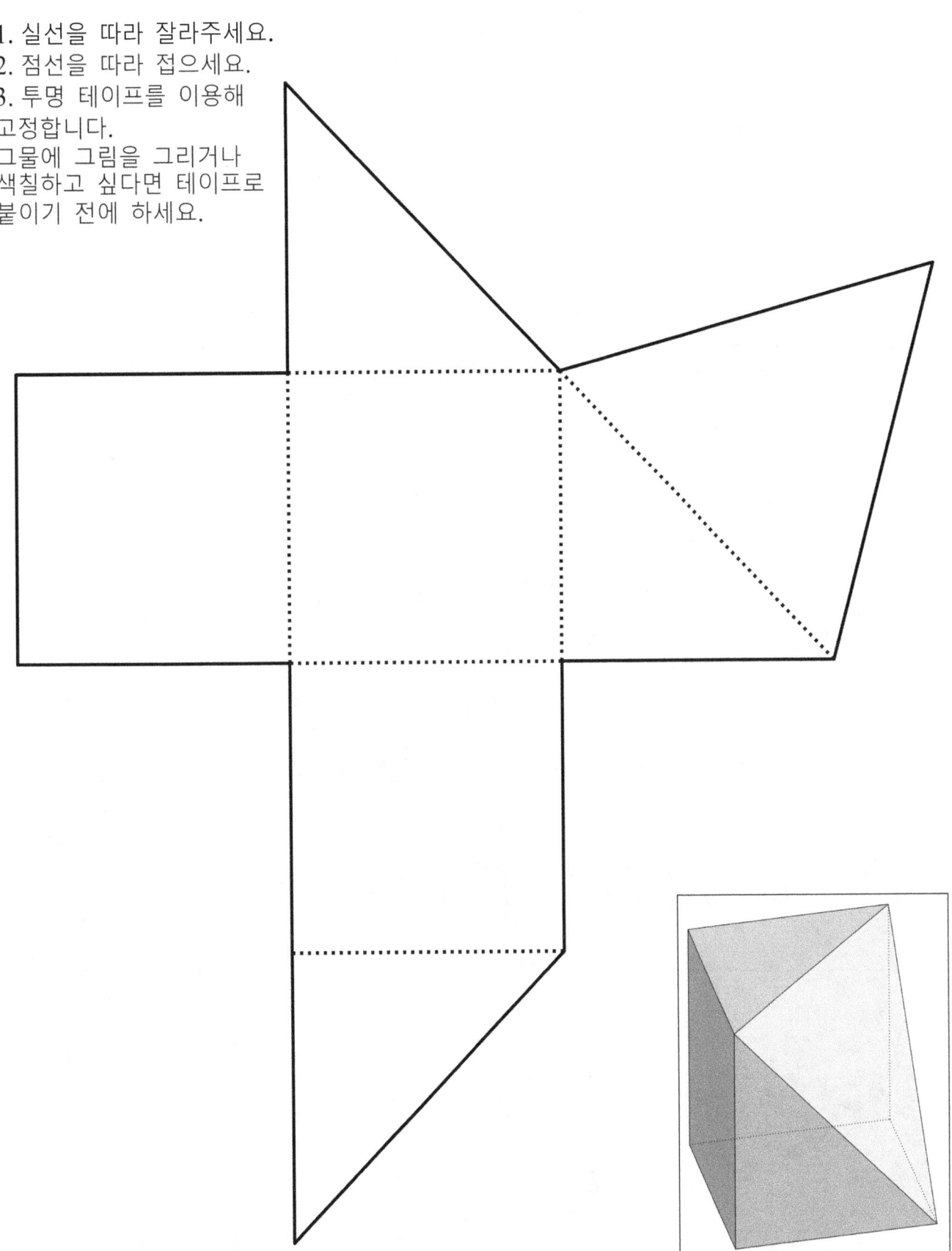

기하학적 개발 활동 책 작가 데이비드 E 맥아담스

칠면체 5,5,5,4,4,4,3

1. 실선을 따라 잘라주세요.
2. 점선을 따라 접으세요.
3. 투명 테이프를 이용해 고정합니다.

그물에 그림을 그리거나 색칠하고 싶다면 테이프로 붙이기 전에 하세요.

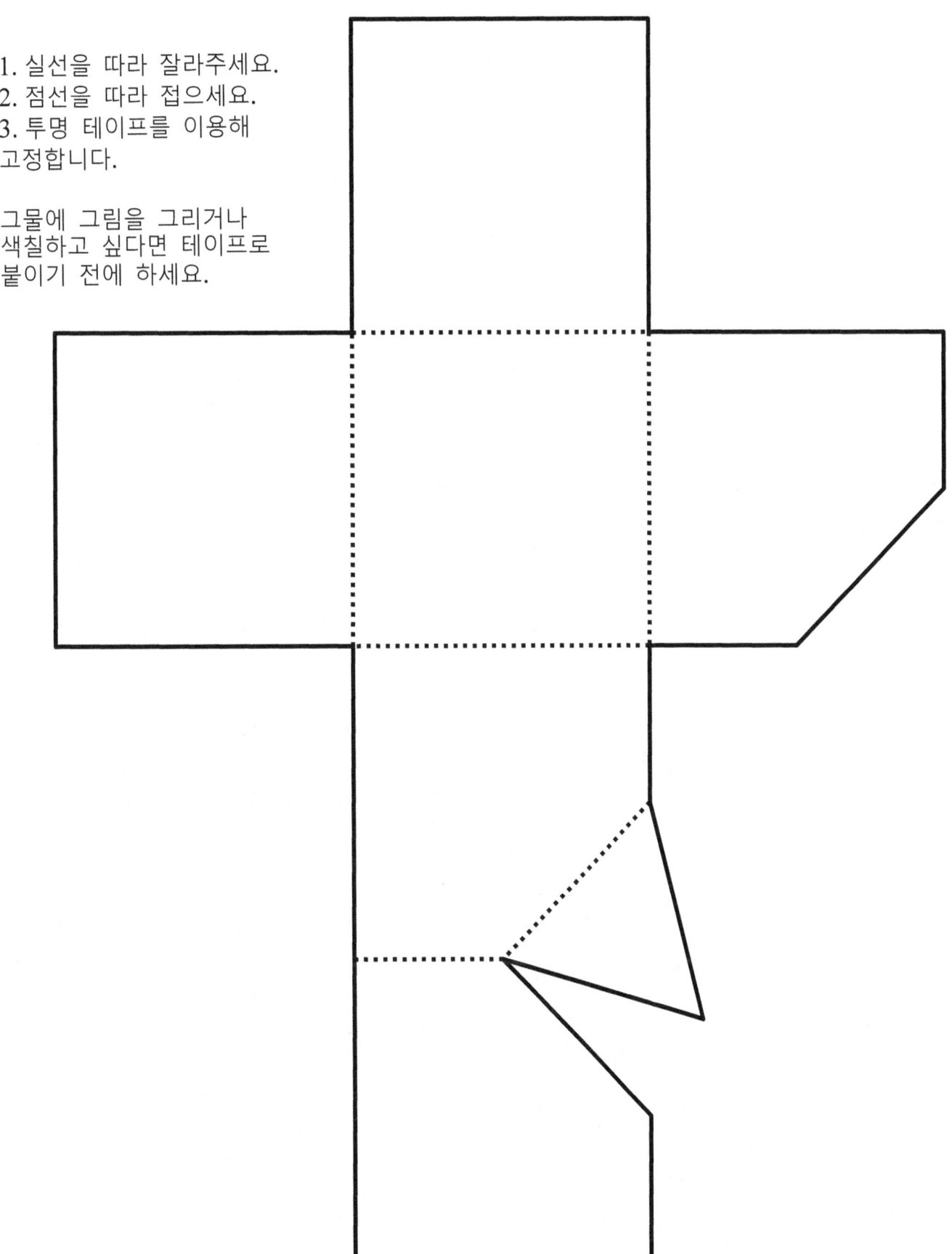

기하학적 개발 활동 책 작가 데이비드 E 맥아담스

칠면체 6,6,4,4,4,3,3

1. 실선을 따라 잘라주세요.
2. 점선을 따라 접으세요.
3. 투명 테이프를 이용해 고정합니다.

그물에 그림을 그리거나 색칠하고
싶다면 테이프로 붙이기 전에 하세요.

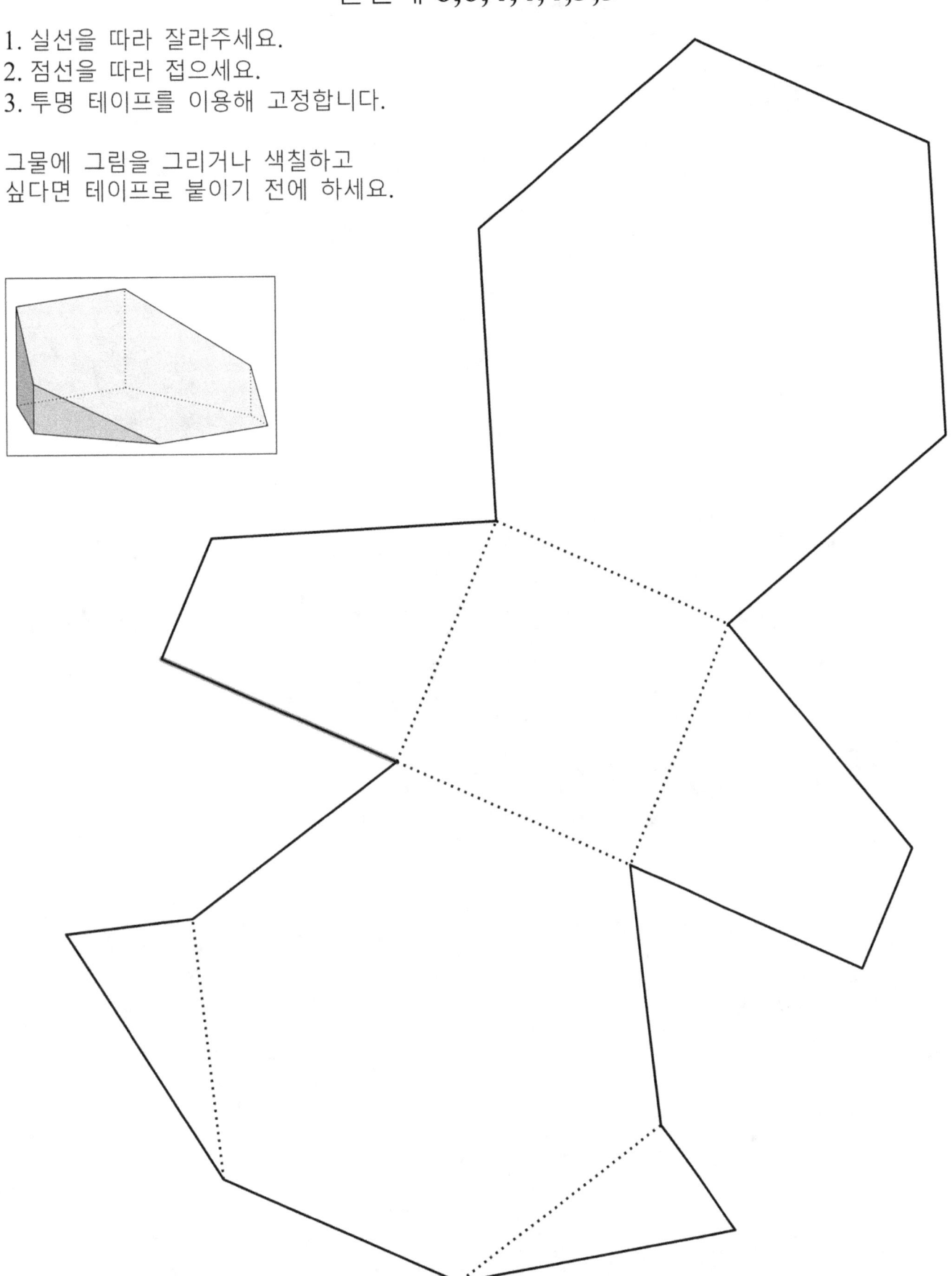

기하학적 개발 활동 책 작가 데이비드 E 맥아담스

육각 프리즘

1. 실선을 따라 잘라주세요.
2. 점선을 따라 접으세요.
3. 투명 테이프를 이용해 고정합니다.

그물에 그림을 그리거나 색칠하고
싶다면 테이프로 붙이기 전에 하세요.

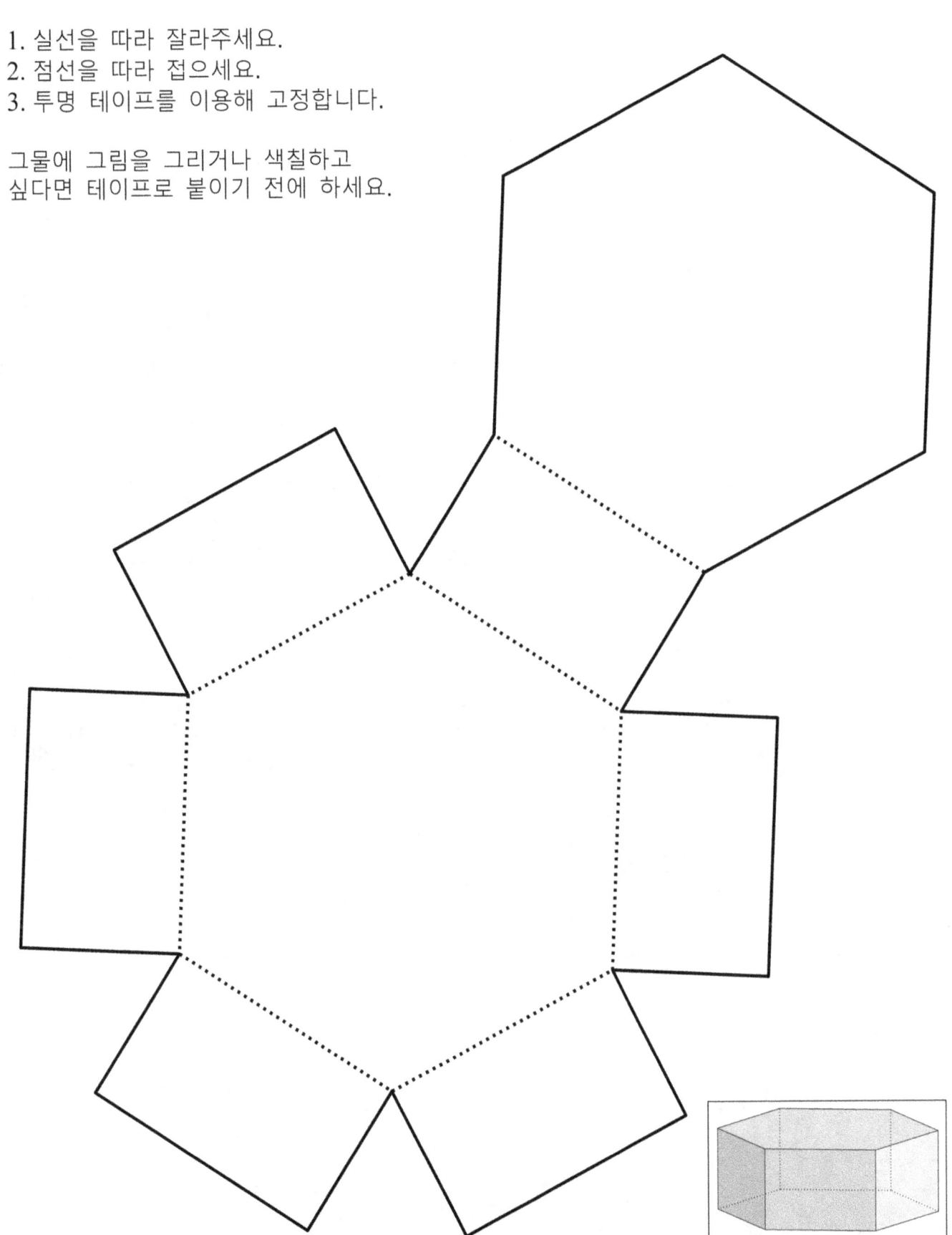

기하학적 개발 활동 책 작가 데이비드 E 맥아담스

육각뿔

1. 실선을 따라 잘라주세요.
2. 점선을 따라 접으세요.
3. 투명 테이프를 이용해 고정합니다.

싶다면 테이프로 붙이기 전에 하세요.

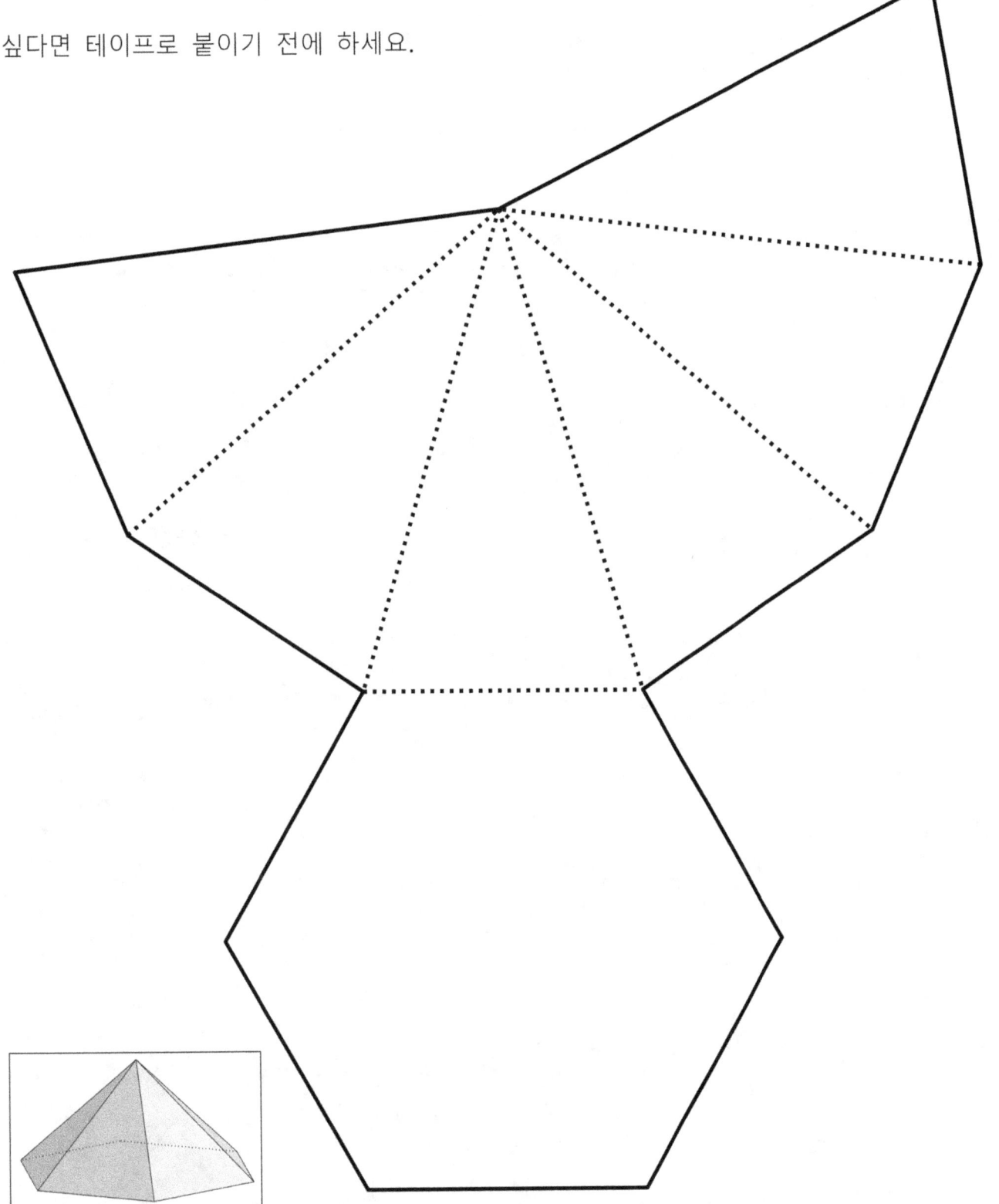

기하학적 개발 활동 책 작가 데이비드 E 맥아담스

저작권 2024. 우연적이고 비상업적인 교육적 용도로만 복사할 수 있습니다. 자세한 내용은 저작권 고지를 참조하세요.

육면체 4,4,4,4,3,3

1. 실선을 따라 잘라주세요.
2. 점선을 따라 접으세요.
3. 투명 테이프를 이용해 고정합니다.

그물에 그림을 그리거나 색칠하고 싶다면 테이프로 붙이기 전에 하세요.

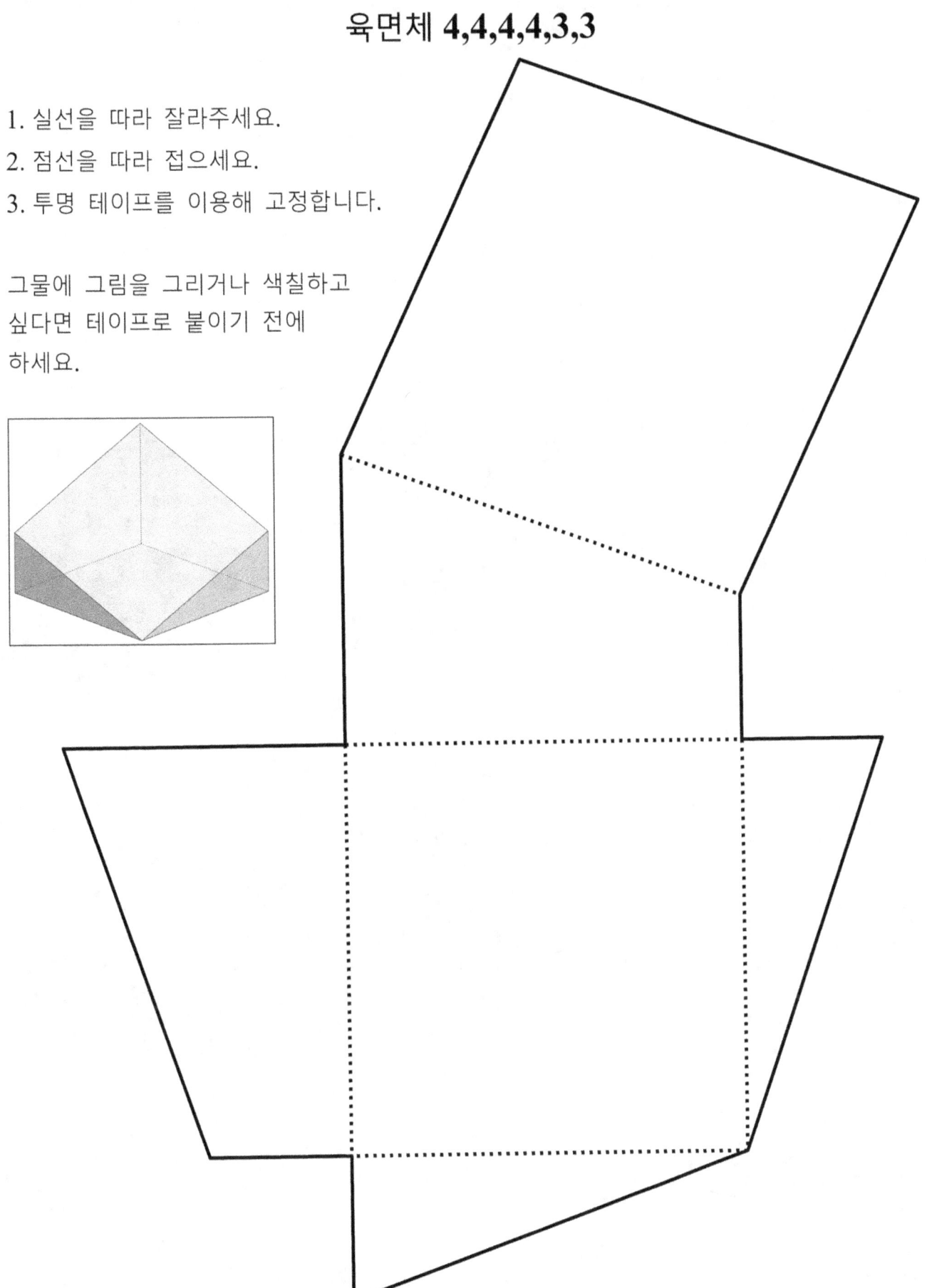

기하학적 개발 활동 책 작가 데이비드 E 맥아담스

육면체 5,4,4,3,3,3

1. 실선을 따라 잘라주세요.
2. 점선을 따라 접으세요.
3. 투명 테이프를 이용해 고정합니다.

그물에 그림을 그리거나 색칠하고 싶다면 테이프로 붙이기 전에 하세요.

기하학적 개발 활동 책 작가 데이비드 E 맥아담스
저작권 2024. 우연적이고 비상업적인 교육적 용도로만 복사할 수 있습니다. 자세한 내용은 저작권 고지를 참조하세요.

육면체 5,5,4,4,3,3

1. 실선을 따라 잘라주세요.
2. 점선을 따라 접으세요.
3. 투명 테이프를 이용해 고정합니다.

그물에 그림을 그리거나 색칠하고 싶다면 테이프로 붙이기 전에 하세요.

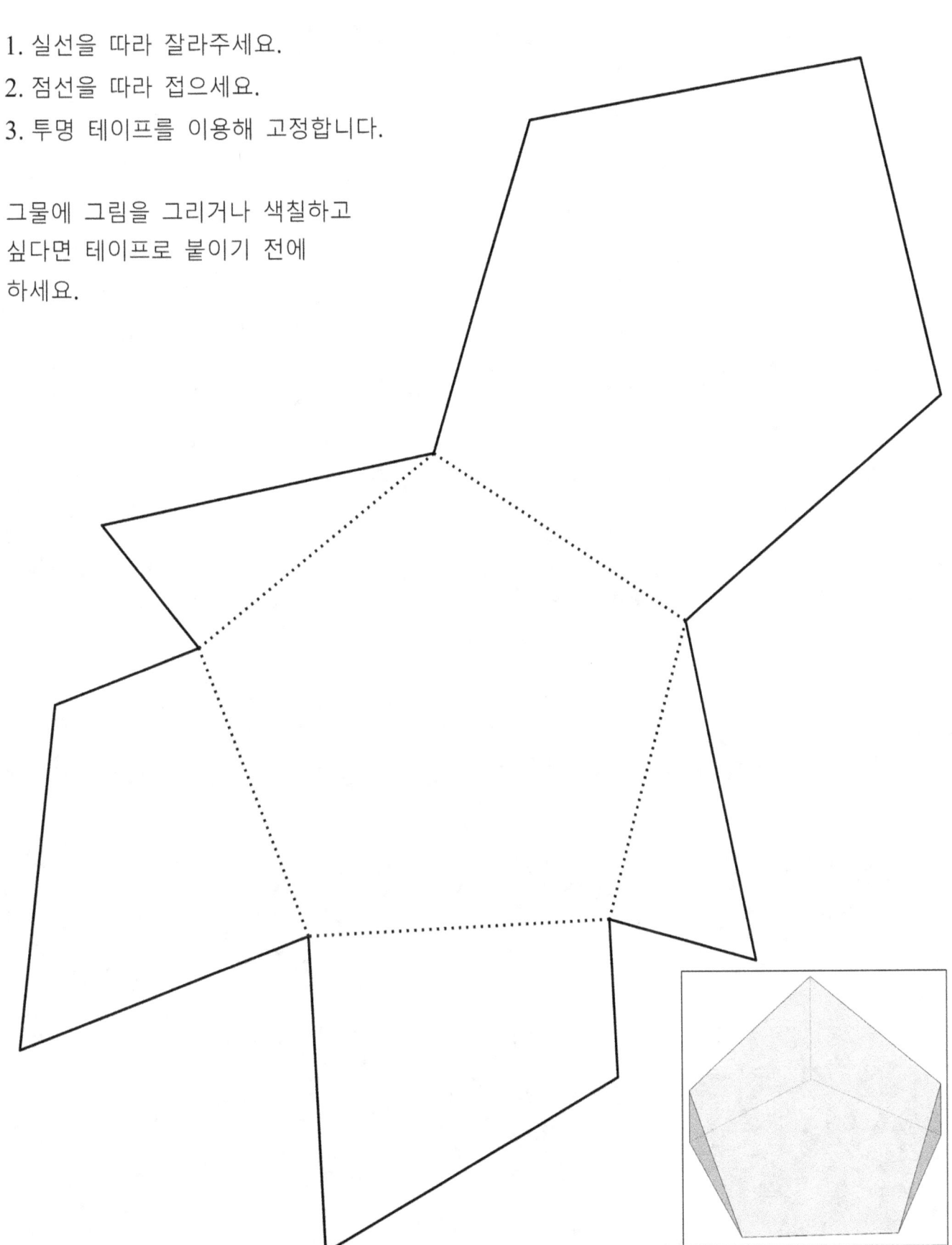

기하학적 개발 활동 책 작가 데이비드 E 맥아담스

정이십면체

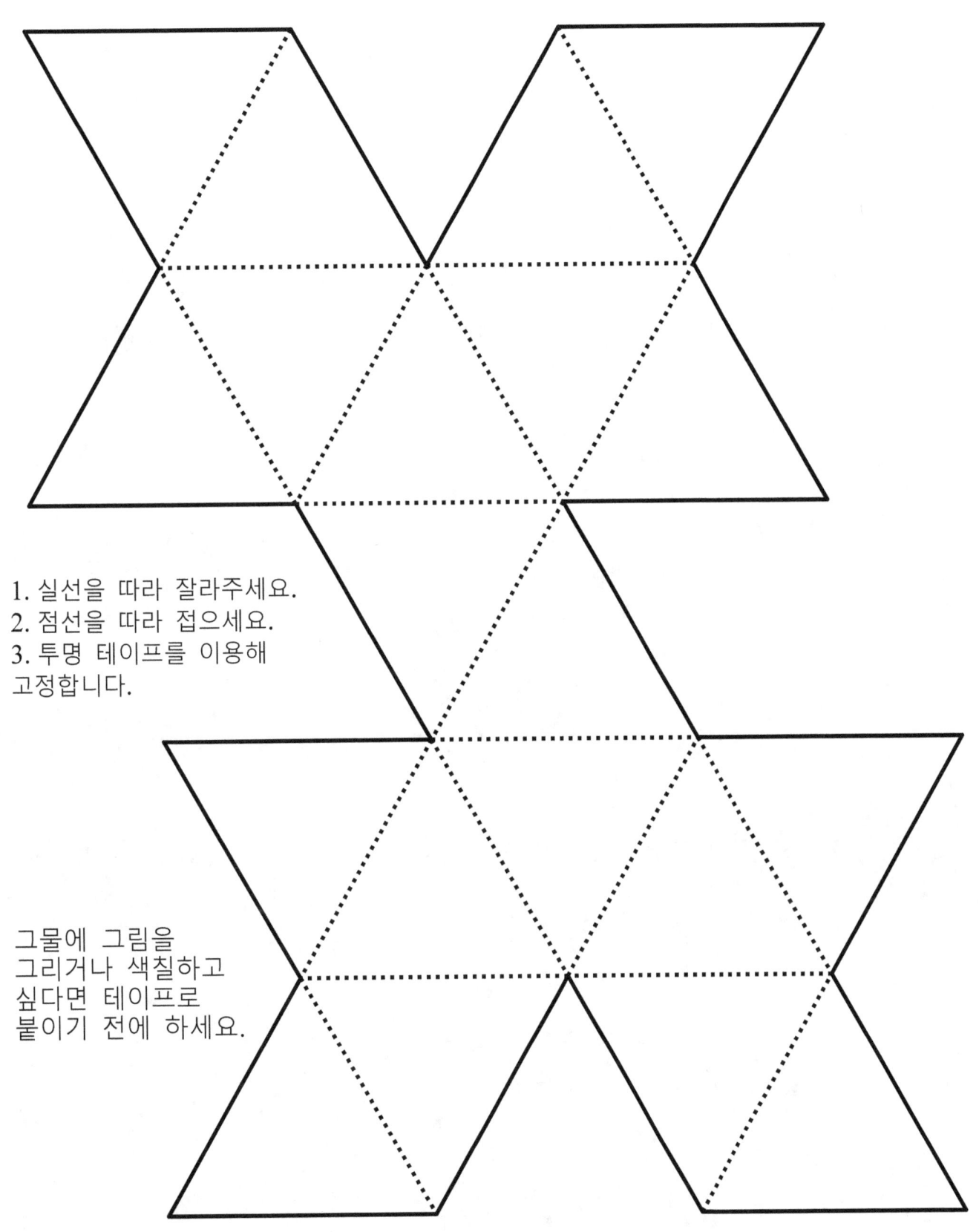

1. 실선을 따라 잘라주세요.
2. 점선을 따라 접으세요.
3. 투명 테이프를 이용해 고정합니다.

그물에 그림을 그리거나 색칠하고 싶다면 테이프로 붙이기 전에 하세요.

십이이십면체

1. 실선을 따라 잘라주세요.
2. 점선을 따라 접으세요.
3. 투명 테이프를 이용해 고정합니다.

그물에 그림을 그리거나 색칠하고 싶다면 테이프로 붙이기 전에 하세요.

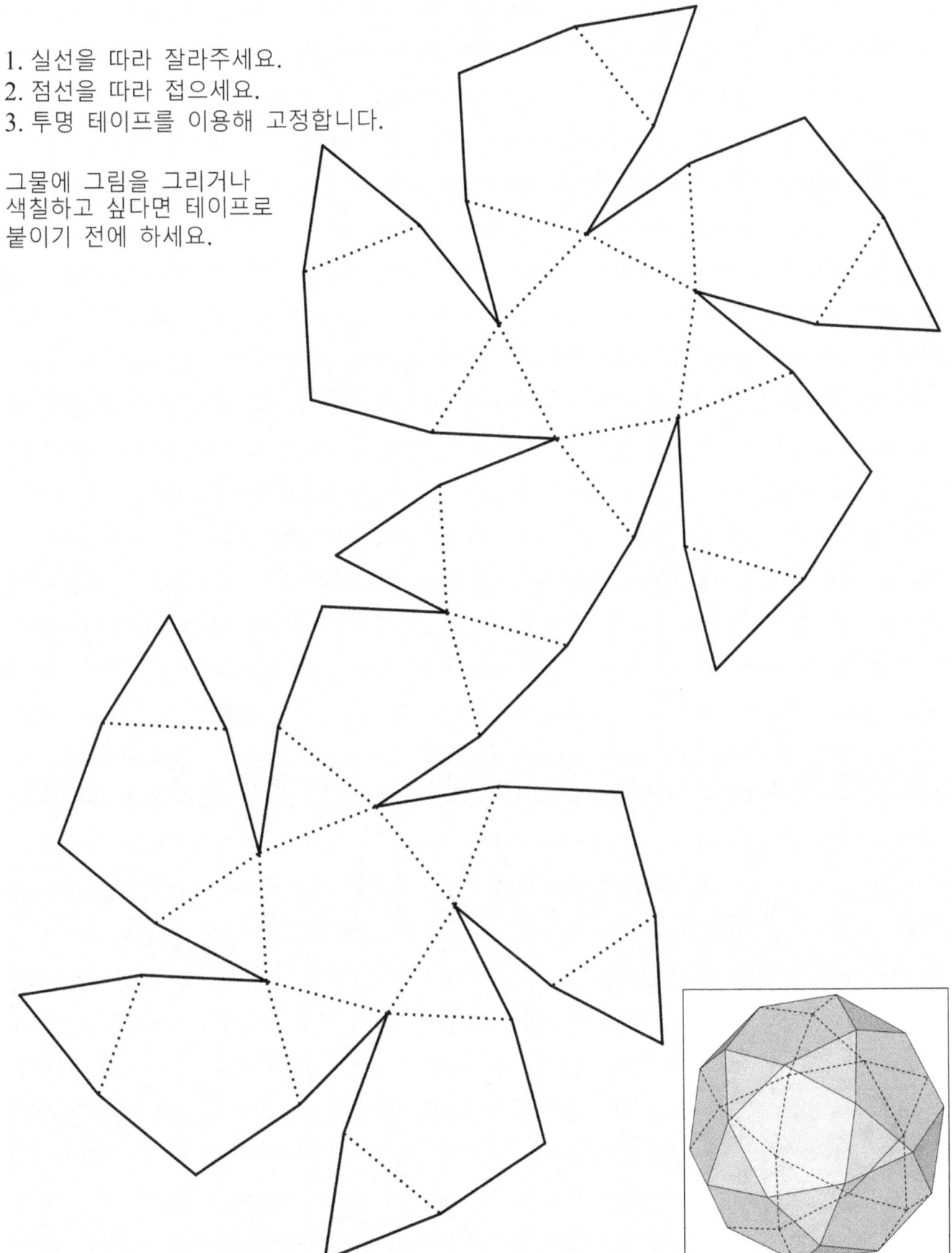

기하학적 개발 활동 책 작가 데이비드 E 맥아담스

저작권 2024. 우연적이고 비상업적인 교육적 용도로만 복사할 수 있습니다. 자세한 내용은 저작권 고지를 참조하세요.

사선 사각 피라미드

1. 실선을 따라 잘라주세요.
2. 점선을 따라 접으세요.
3. 투명 테이프를 이용해 고정합니다.

그물에 그림을 그리거나 색칠하고 싶다면 테이프로 붙이기 전에 하세요.

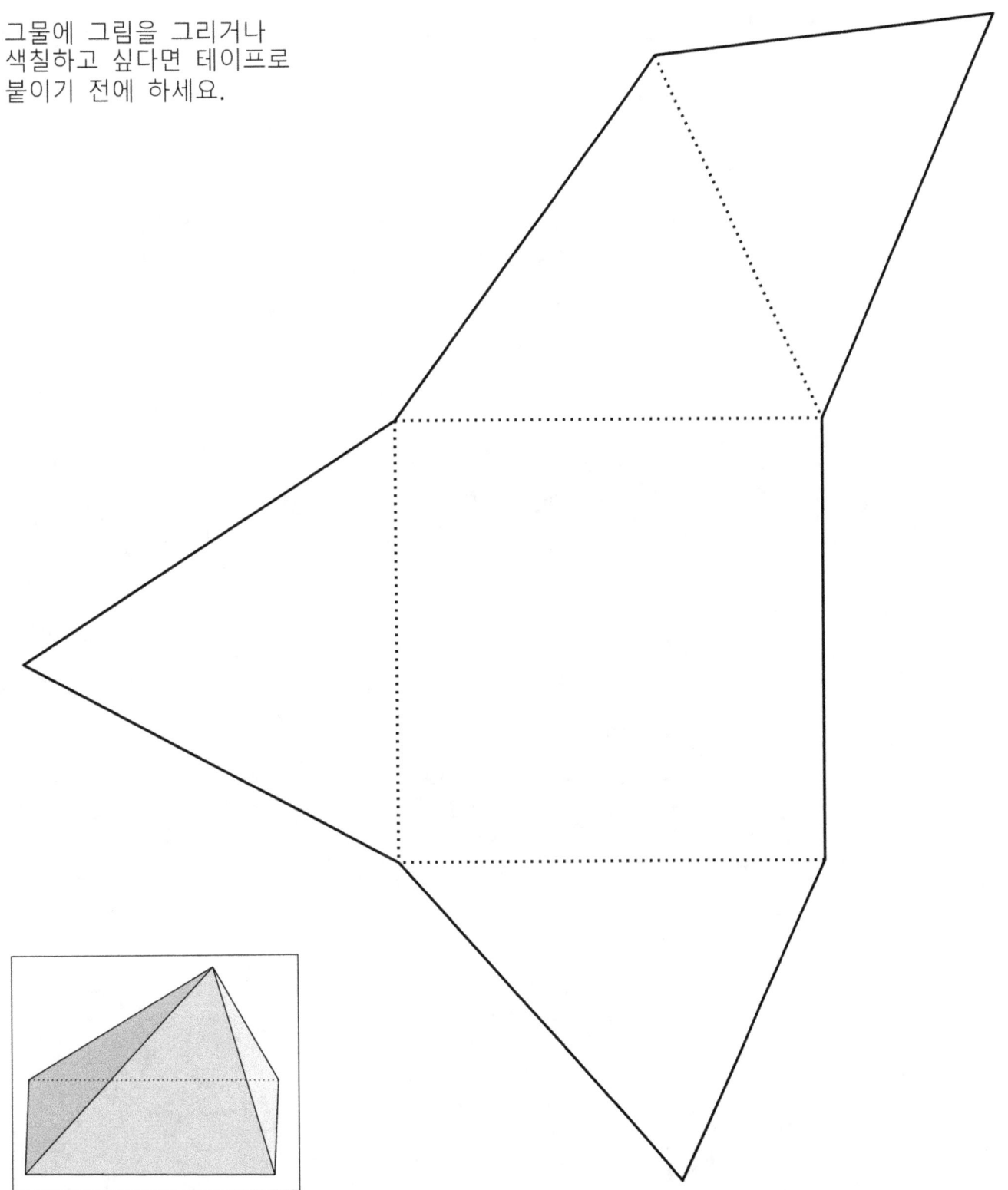

팔각형의 안티프리즘

1. 실선을 따라 잘라주세요.
2. 점선을 따라 접으세요.
3. 투명 테이프를 이용해 고정합니다.

그물에 그림을 그리거나 색칠하고 싶다면 테이프로 붙이기 전에 하세요.

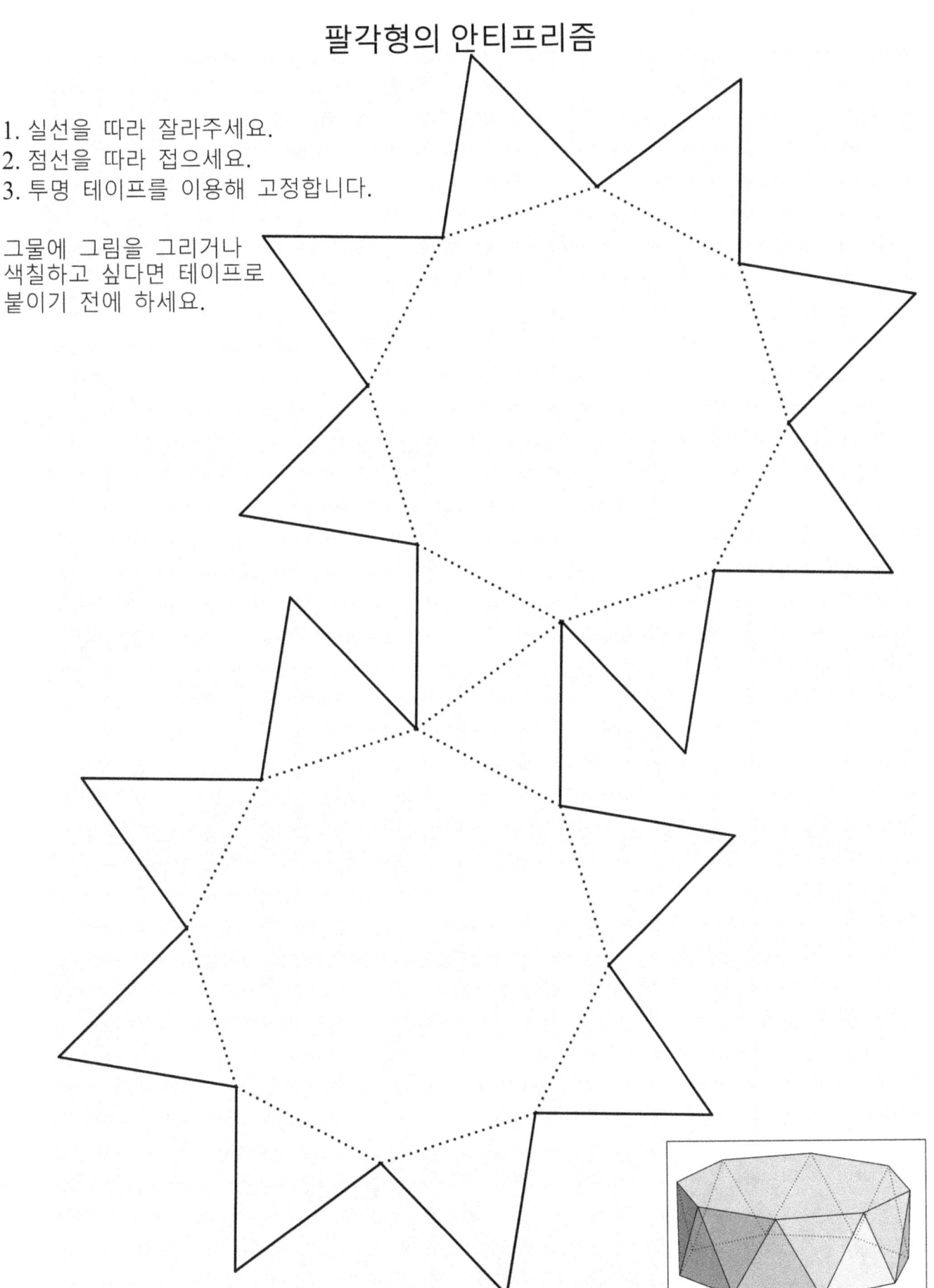

기하학적 개발 활동 책 작가 데이비드 E 맥아담스

저작권 2024. 우연적이고 비상업적인 교육적 용도로만 복사할 수 있습니다. 자세한 내용은 저작권 고지를 참조하세요.

정팔면체

이 다면체는 사각 이중각뿔이라고도 불립니다.

1. 실선을 따라 잘라주세요.
2. 점선을 따라 접으세요.
3. 투명 테이프를 이용해 고정합니다.

그물에 그림을 그리거나 색칠하고 싶다면 테이프로 붙이기 전에 하세요.

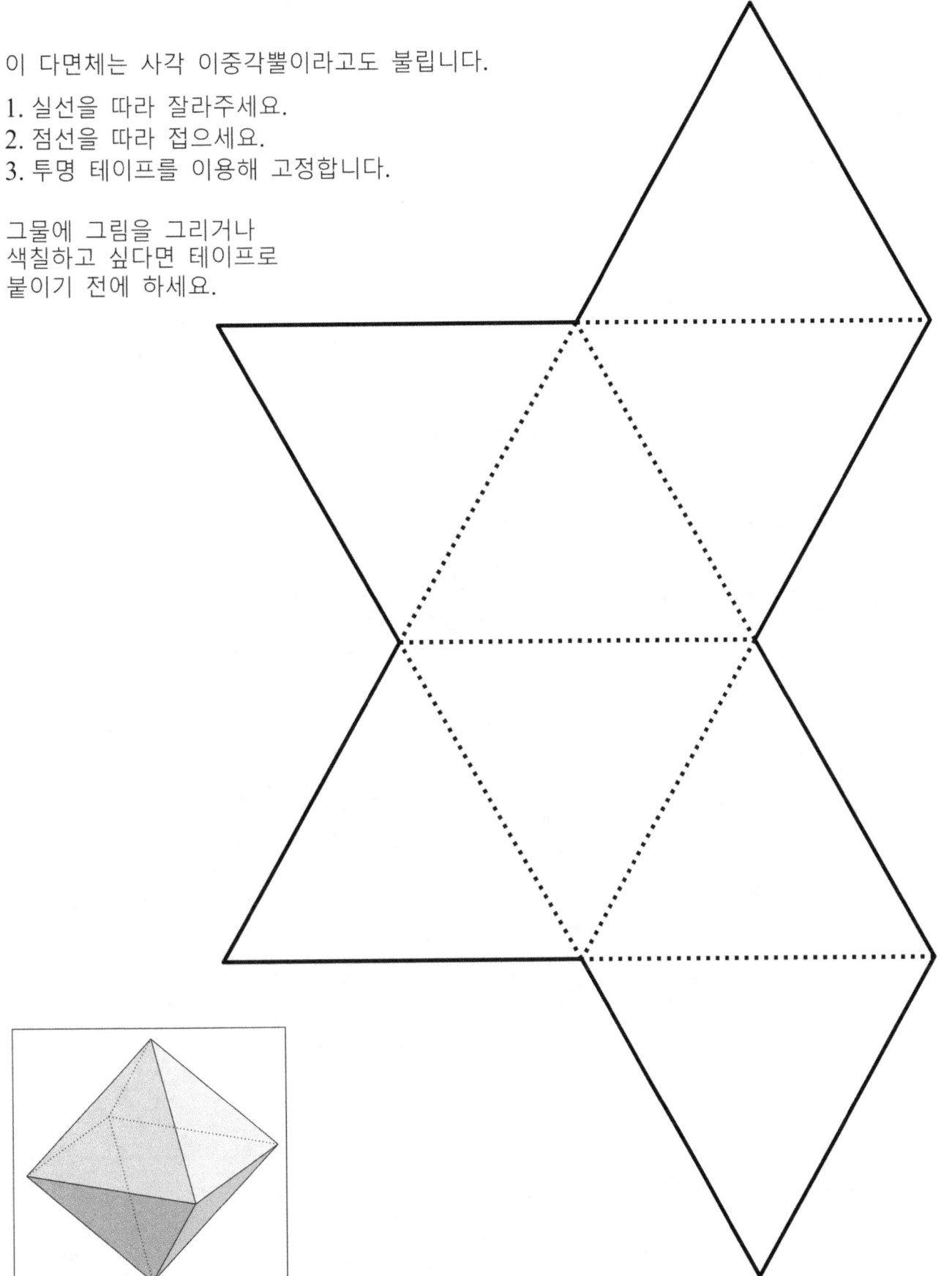

기하학적 개발 활동 책작가 데이비드 E 맥아담스

저작권 2024. 우연적이고 비상업적인 교육적 용도로만 복사할 수 있습니다. 자세한 내용은 저작권 고지를 참조하세요.

엇오각기둥

1. 실선을 따라 잘라주세요.
2. 점선을 따라 접으세요.
3. 투명 테이프를 이용해 고정합니다.

그물에 그림을 그리거나 색칠하고 싶다면 테이프로 붙이기 전에 하세요.

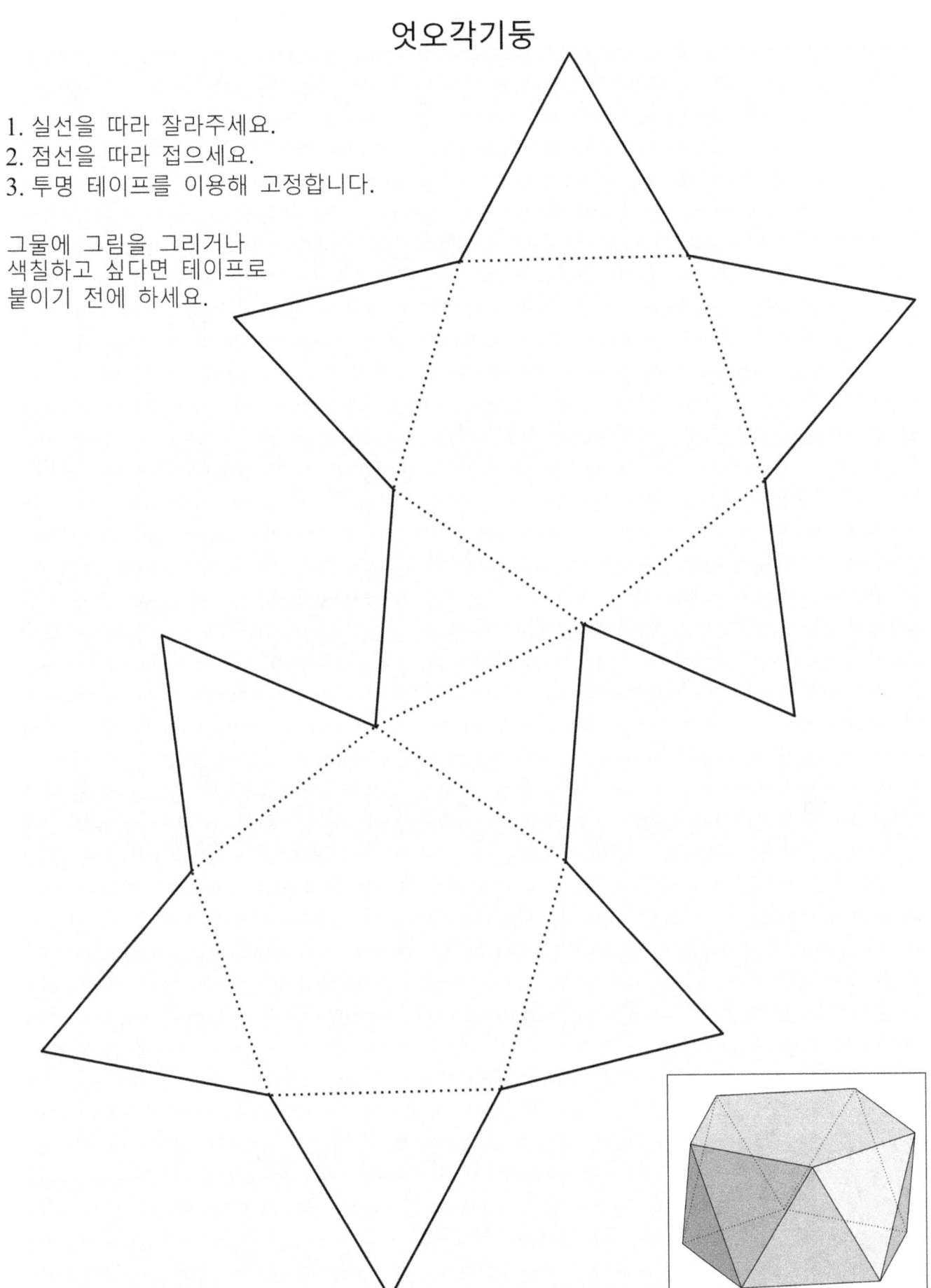

기하학적 개발 활동 책 작가 데이비드 E 맥아담스

오각지붕

1. 실선을 따라 잘라주세요.
2. 점선을 따라 접으세요.
3. 투명 테이프를 이용해 고정합니다.

그물에 그림을 그리거나 색칠하고 싶다면 테이프로 붙이기 전에 하세요.

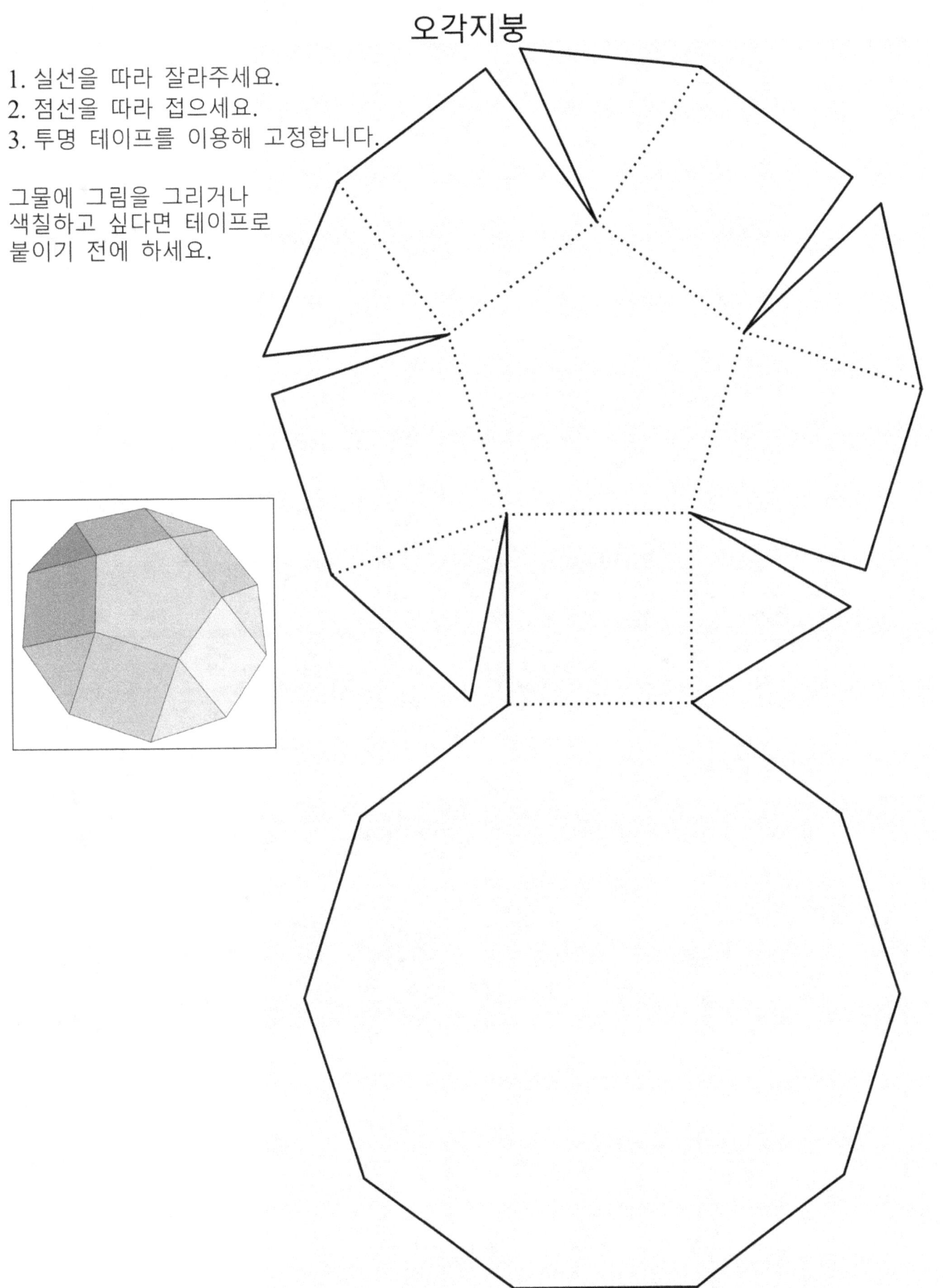

오각쌍뿔

1. 실선을 따라 잘라주세요.
2. 점선을 따라 접으세요.
3. 투명 테이프를 이용해 고정합니다.

그물에 그림을
그리거나 색칠하고 싶다면
테이프로 붙이기 전에
하세요.

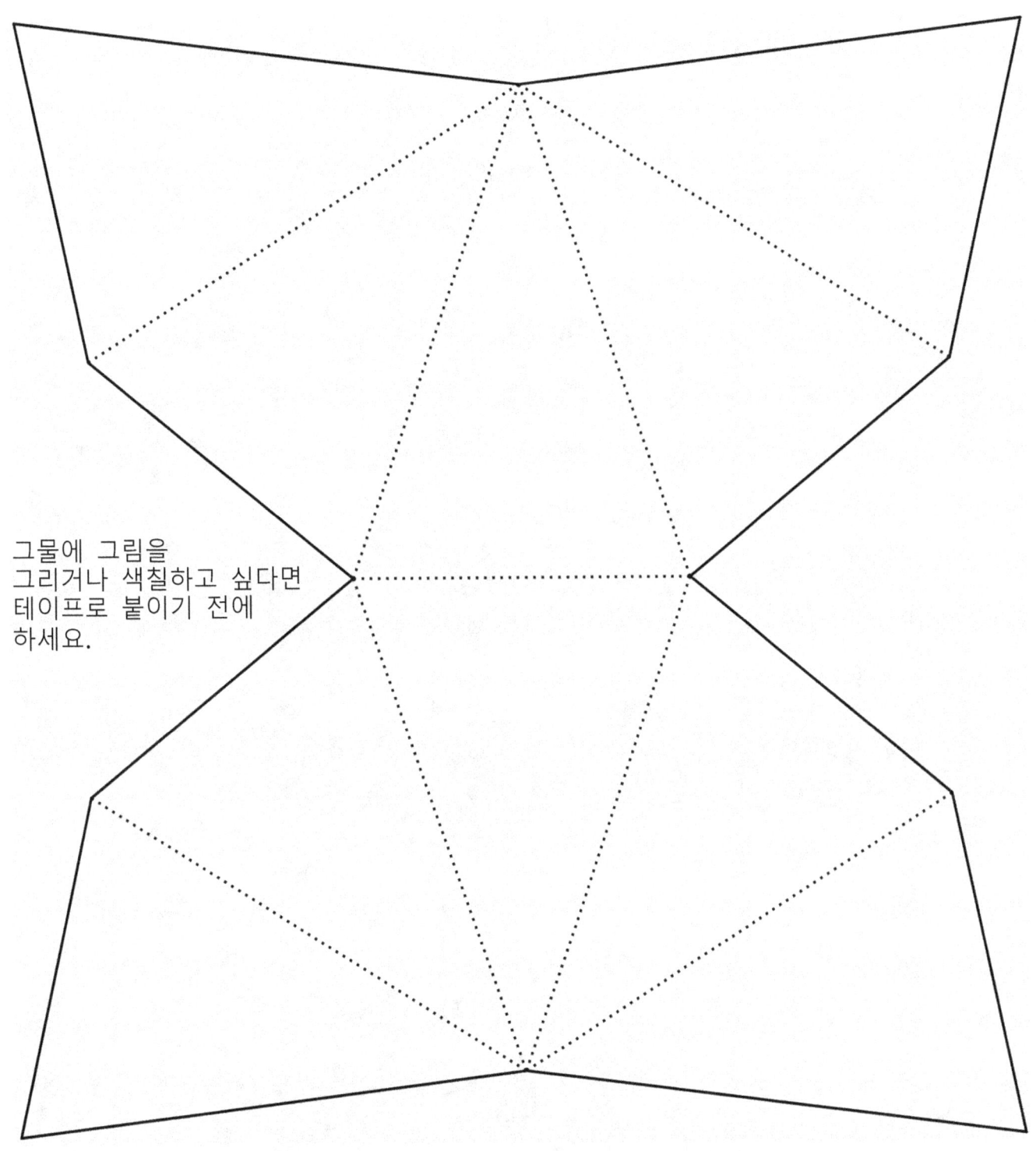

기하학적 개발 활동 책 작가 데이비드 E 맥아담스

저작권 2024. 우연적이고 비상업적인 교육적 용도로만 복사할 수 있습니다. 자세한 내용은 저작권 고지를 참조하세요.

오각기둥

1. 실선을 따라 잘라주세요.
2. 점선을 따라 접으세요.
3. 투명 테이프를 이용해 고정합니다.

그물에 그림을 그리거나 색칠하고 싶다면 테이프로 붙이기 전에 하세요.

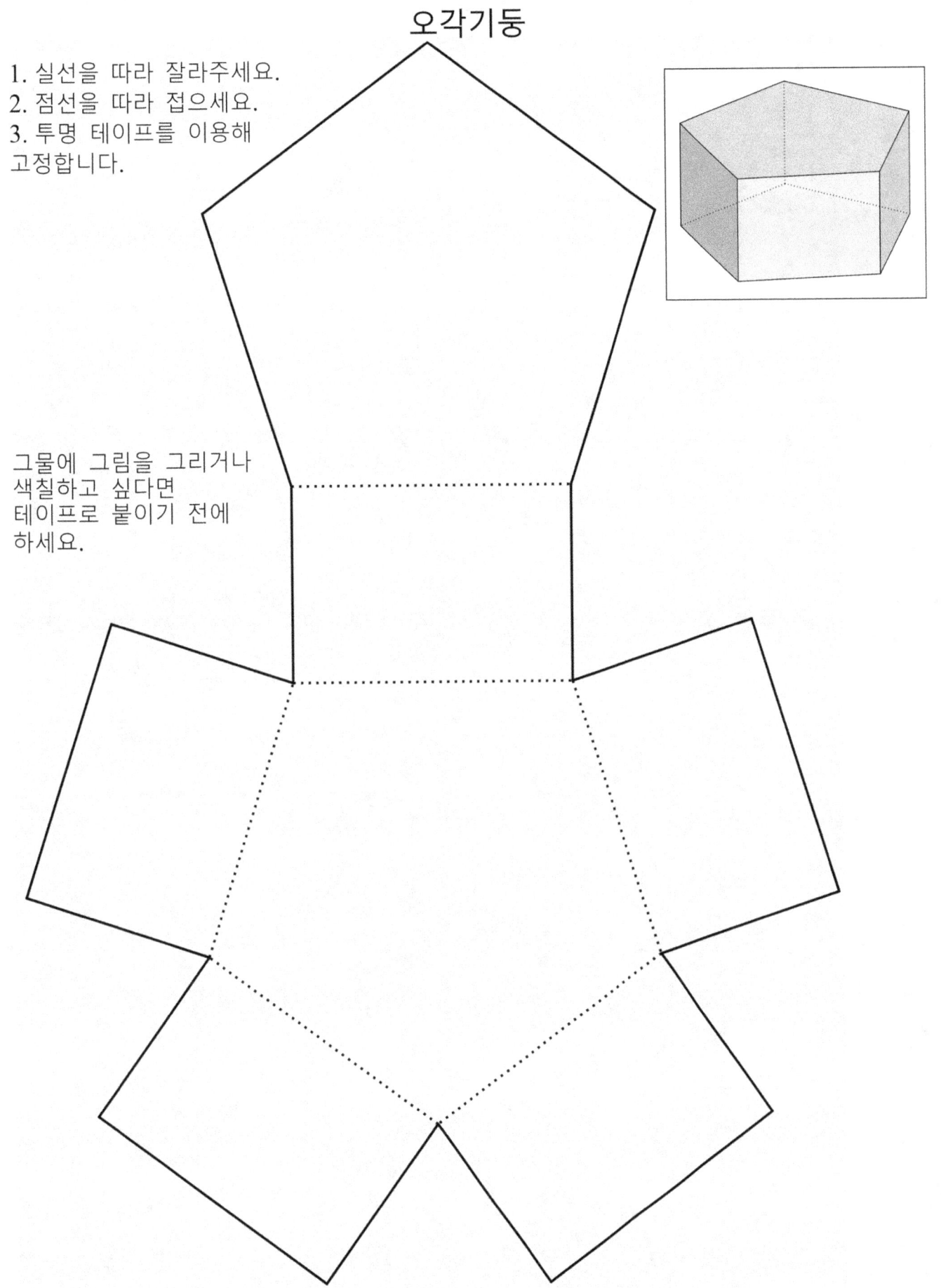

기하학적 개발 활동 책 작가 데이비드 E 맥아담스

오각 피라미드

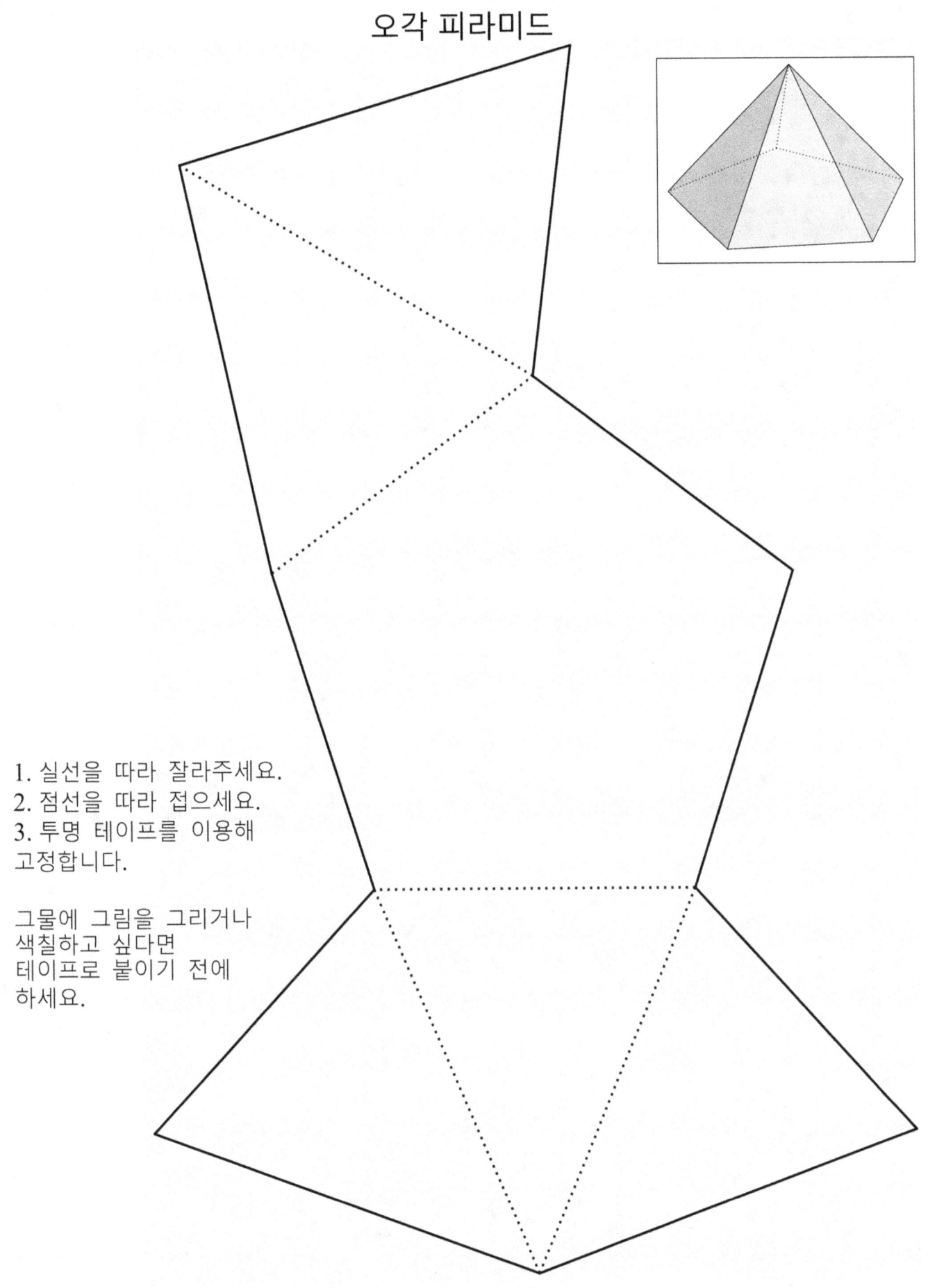

1. 실선을 따라 잘라주세요.
2. 점선을 따라 접으세요.
3. 투명 테이프를 이용해 고정합니다.

그물에 그림을 그리거나 색칠하고 싶다면 테이프로 붙이기 전에 하세요.

기하학적 개발 활동 책 작가 데이비드 E 맥아담스

저작권 2024. 우연적이고 비상업적인 교육적 용도로만 복사할 수 있습니다. 자세한 내용은 저작권 고지를 참조하세요.

오각둥근지붕

1. 실선을 따라 잘라주세요.
2. 점선을 따라 접으세요.
3. 투명 테이프를 이용해 고정합니다.

그물에 그림을 그리거나 색칠하고 싶다면 테이프로 붙이기 전에 하세요.

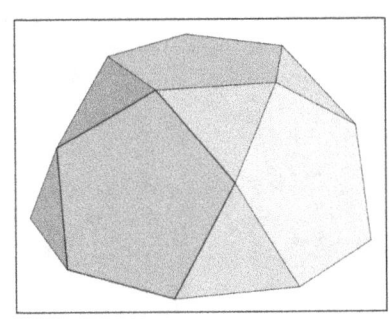

기하학적 개발 활동 책 작가 데이비드 E 맥아담스

펜타그램 프리즘

1. 실선을 따라 잘라주세요.
2. 점선을 따라 접으세요.
3. 투명 테이프를 이용해 고정합니다.

그물에 그림을 그리거나 색칠하고 싶다면 테이프로 붙이기 전에 하세요.

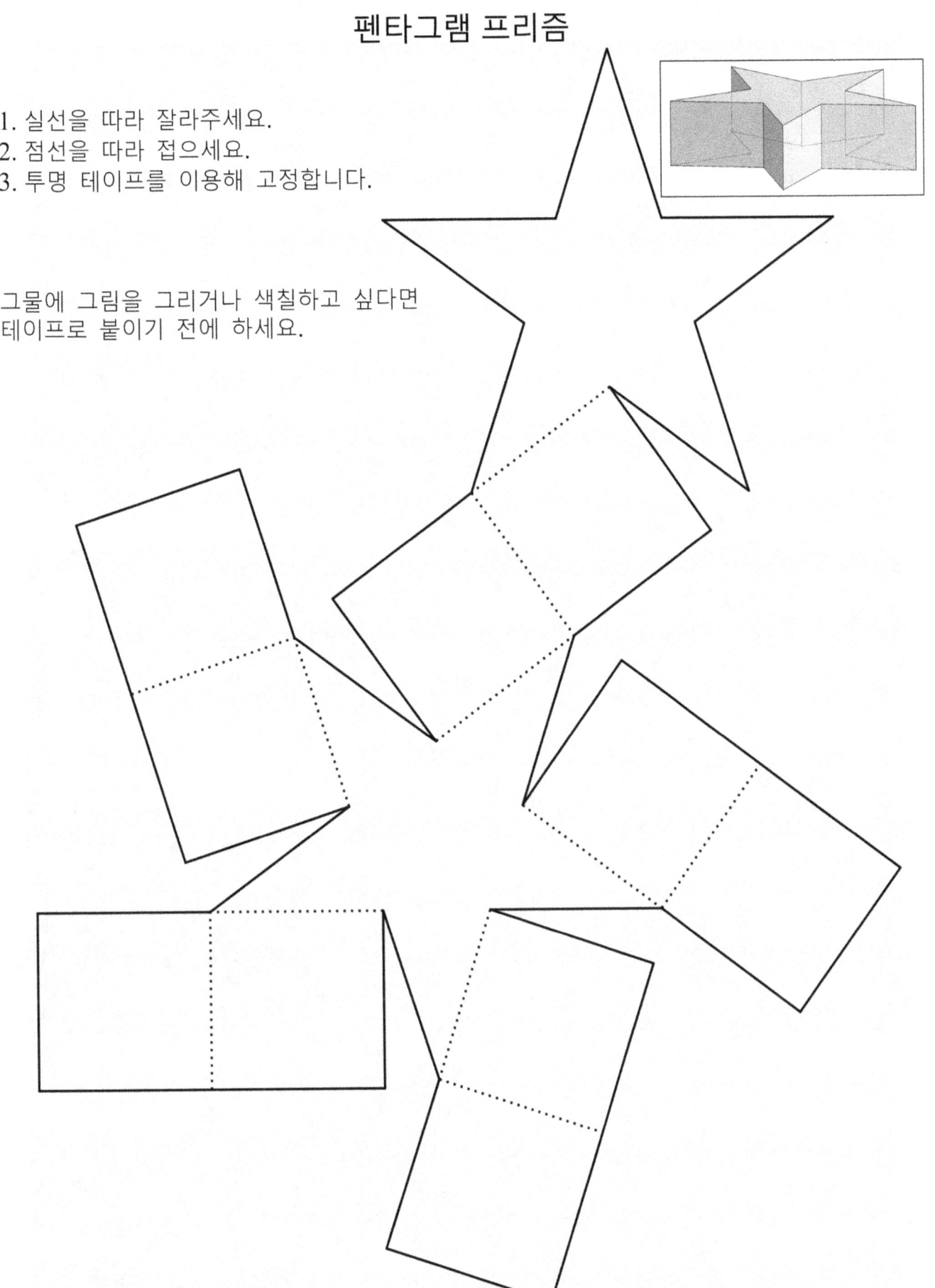

기하학적 개발 활동 책 작가 데이비드 E 맥아담스

저작권 2024. 우연적이고 비상업적인 교육적 용도로만 복사할 수 있습니다. 자세한 내용은 저작권 고지를 참조하세요.

직사각형 피라미드

1. 실선을 따라 잘라주세요.
2. 점선을 따라 접으세요.
3. 투명 테이프를 이용해 고정합니다.

그물에 그림을 그리거나 색칠하고 싶다면
테이프로 붙이기 전에 하세요.

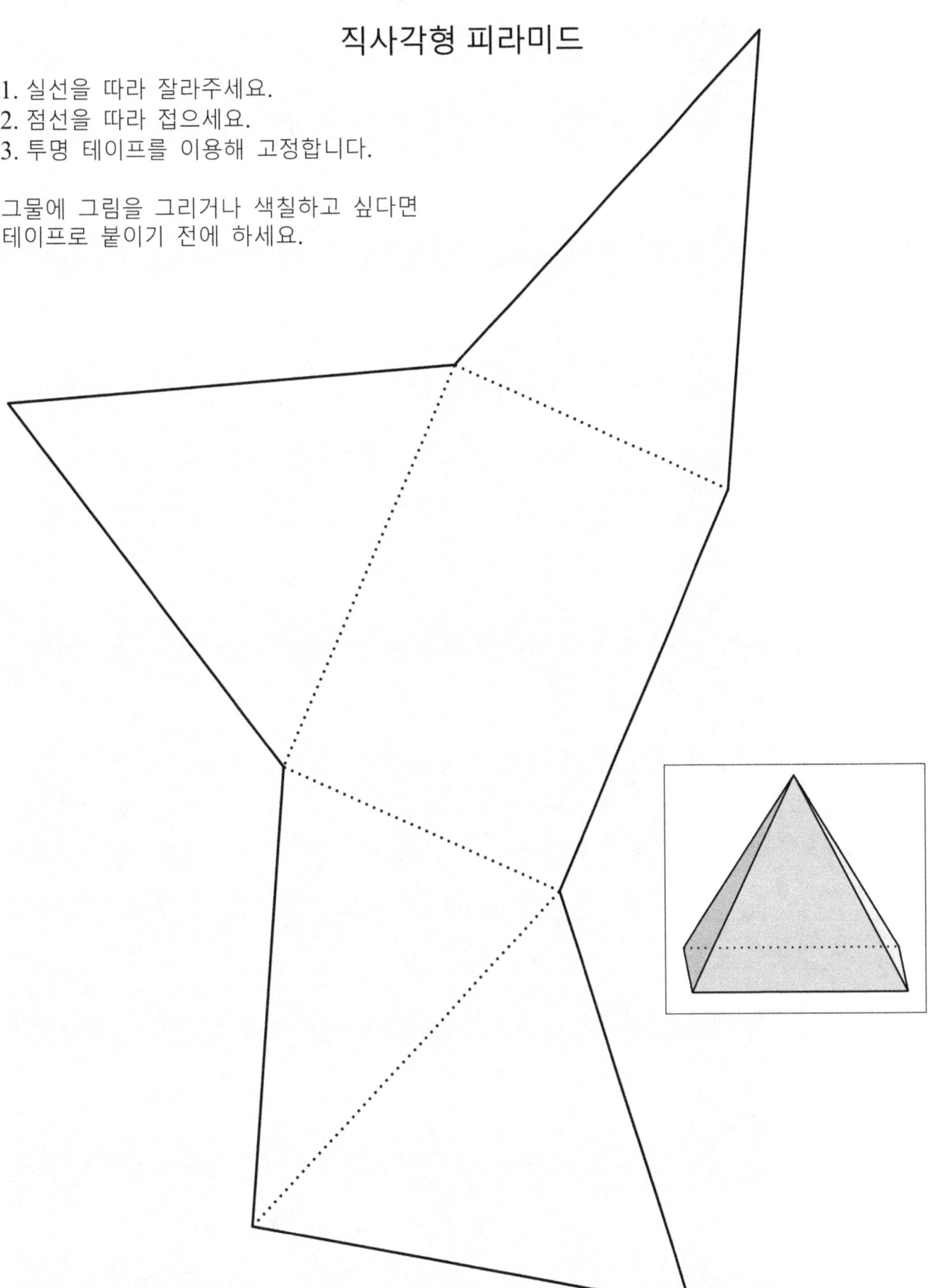

기하학적 개발 활동 책 작가 데이비드 E 맥아담스

롬빅 프리즘

1. 실선을 따라 잘라주세요.
2. 점선을 따라 접으세요.
3. 투명 테이프를 이용해 고정합니다.

그물에 그림을 그리거나 색칠하고 싶다면 테이프로 붙이기 전에 하세요.

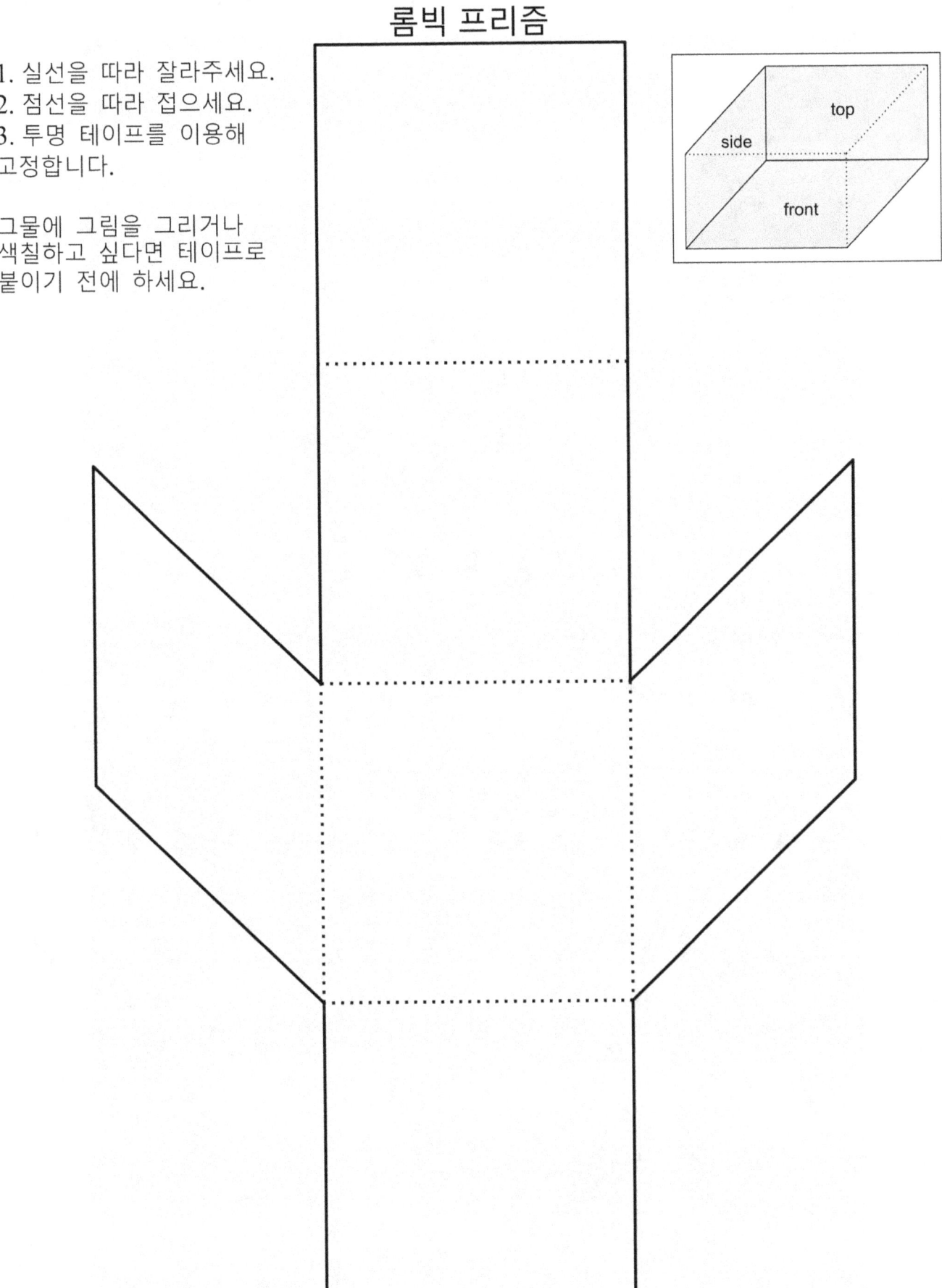

기하학적 개발 활동 책 작가 데이비드 E 맥아담스

마름모육팔면체

1. 실선을 따라 잘라주세요.
2. 점선을 따라 접으세요.
3. 투명 테이프를 이용해 고정합니다.

그물에 그림을 그리거나 색칠하고 싶다면 테이프로 붙이기 전에 하세요.

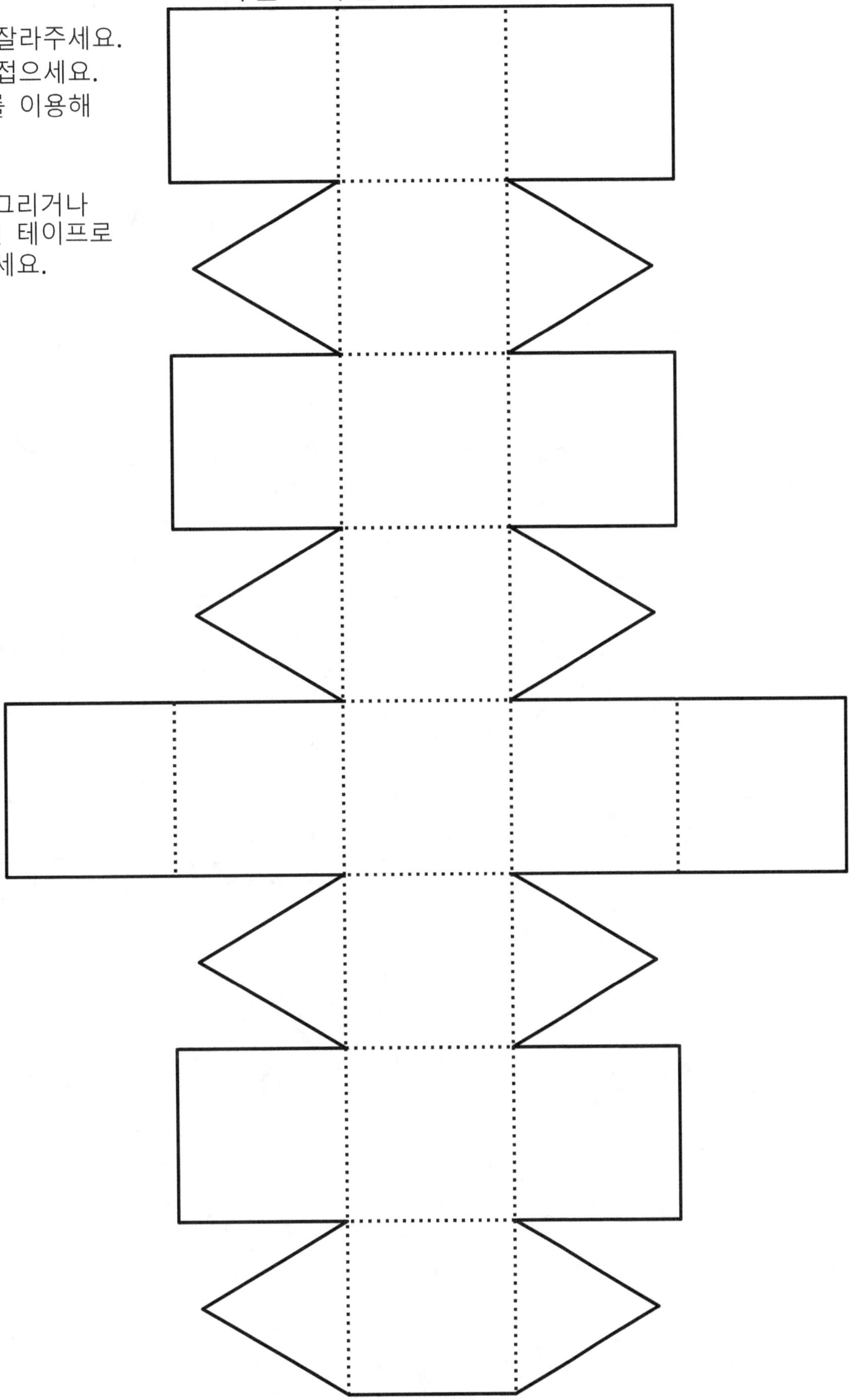

기하학적 개발 활동 책 작가 데이비드 E 맥아담스

저작권 2024. 우연적이고 비상업적인 교육적 용도로만 복사할 수 있습니다. 자세한 내용은 저작권 고지를 참조하세요.

작은 마름모십이면체

1. 실선을 따라 잘라주세요.
2. 점선을 따라 접으세요.
3. 투명 테이프를 이용해 고정합니다.

그물에 그림을 그리거나 색칠하고 싶다면 테이프로 붙이기 전에 하세요.

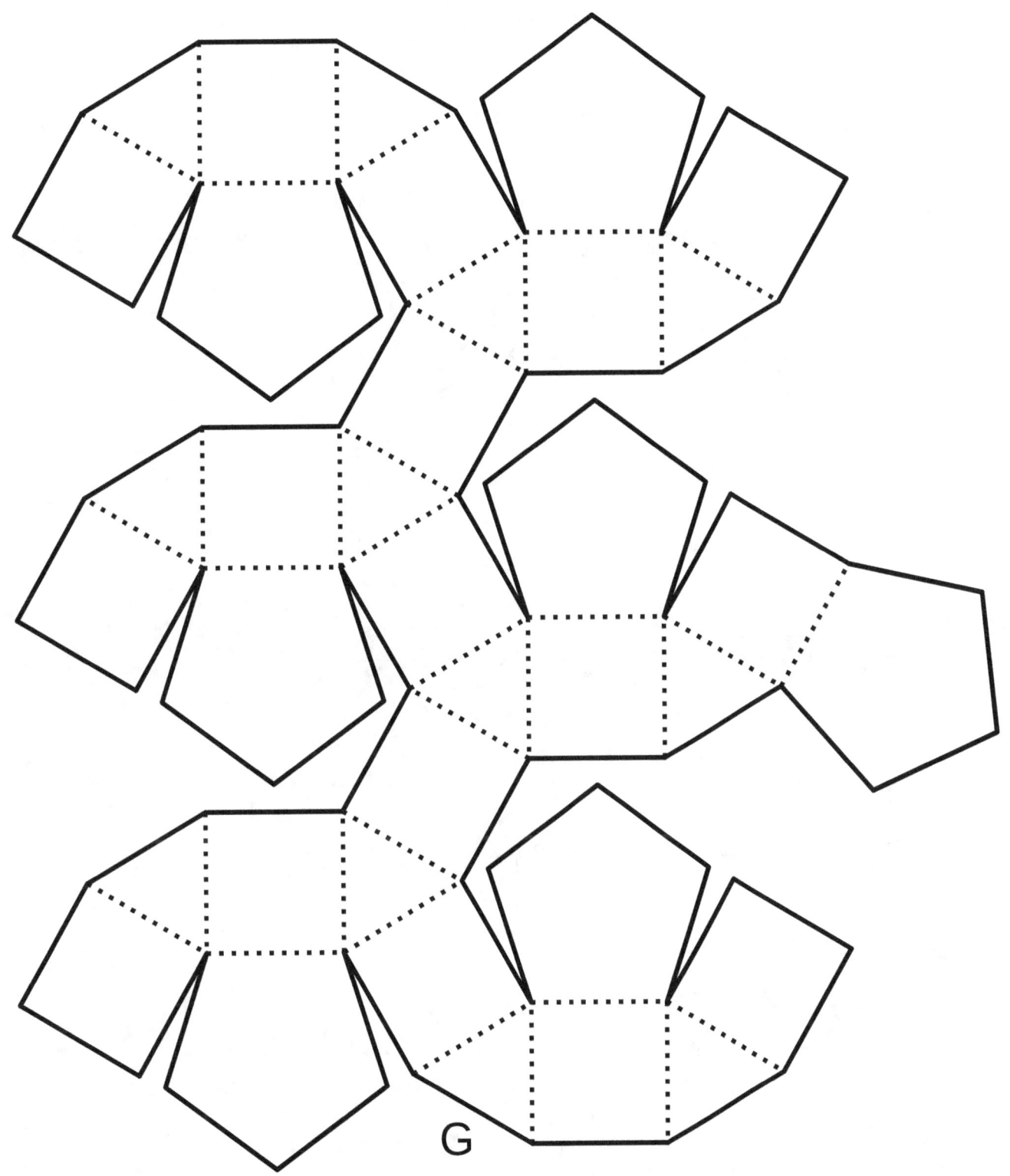

기하학적 개발 활동 책 작가 데이비드 E 맥아담스

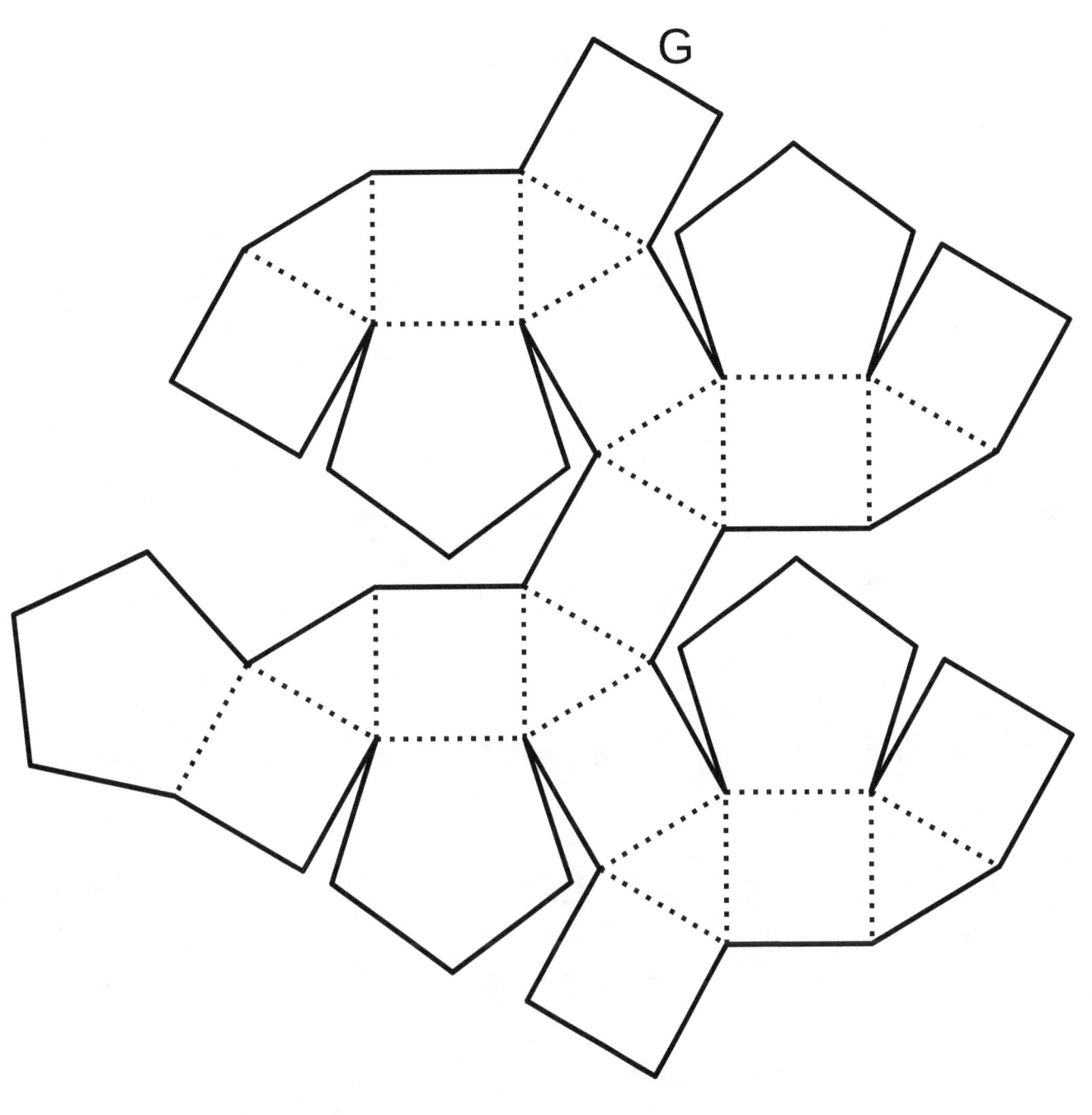

작은 별모양 십이면체

1. 이것은 두 부분으로 된 다이어그램입니다. 이 페이지와 다음 페이지를 복사하세요.
2. 실선을 따라 두 모양을 모두 잘라냅니다.
3. 'A'라고 표시된 선분에서 두 모양을 테이프로 붙입니다.
4. 점선(....)을 따라 접습니다.
5. 점선(----)을 따라 뒤로 접습니다.
6. 투명 테이프를 사용하여 고정합니다.

그물에 그림을 그리거나 색칠하고 싶다면 테이프로 붙이기 전에 하세요.

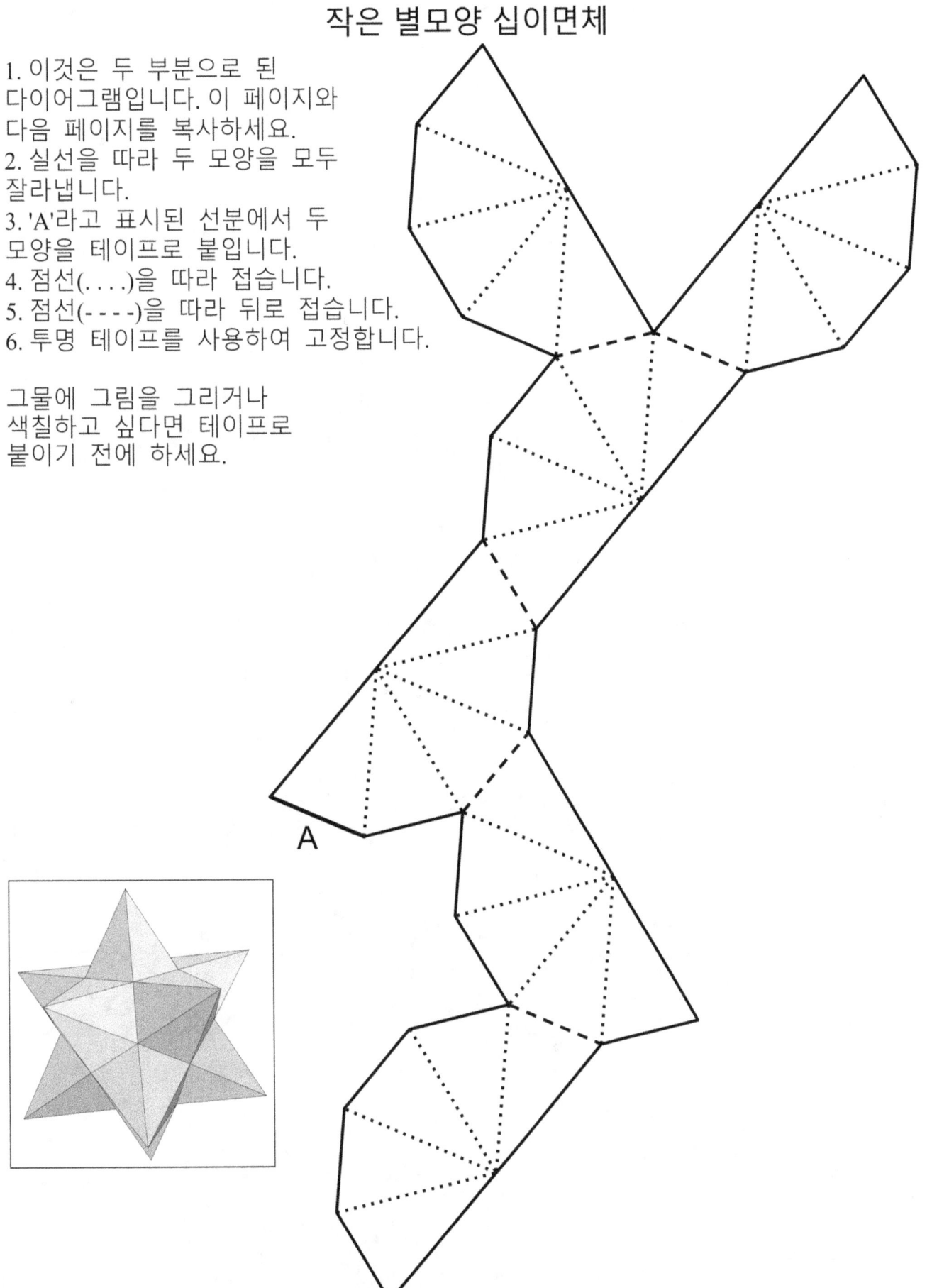

기하학적 개발 활동 책 작가 데이비드 E 맥아담스

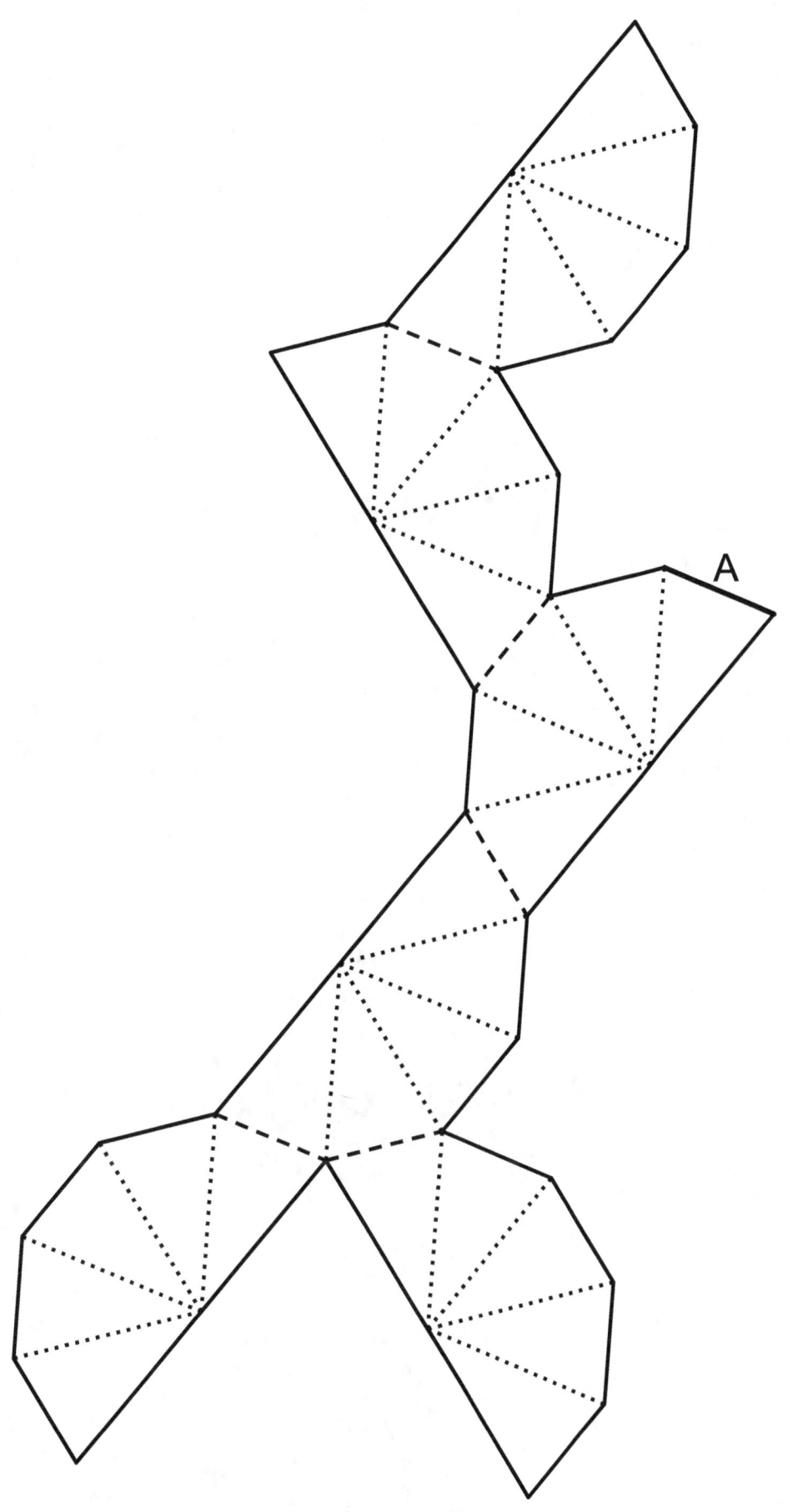

다듬은 정육면체

1. 이것은 두 부분으로 된 다이어그램입니다. 이 페이지와 다음 페이지를 복사하세요.
2. 실선을 따라 두 모양을 모두 잘라냅니다.
3. 'K'라고 표시된 선분에서 두 모양을 테이프로 붙입니다.
4. 점선을 따라 접습니다.
5. 투명 테이프를 사용하여 고정합니다.

그물에 그림을 그리거나 색칠하고 싶다면 테이프로 붙이기 전에 하세요.

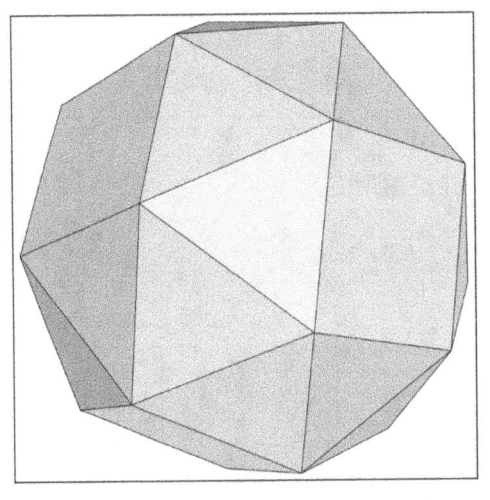

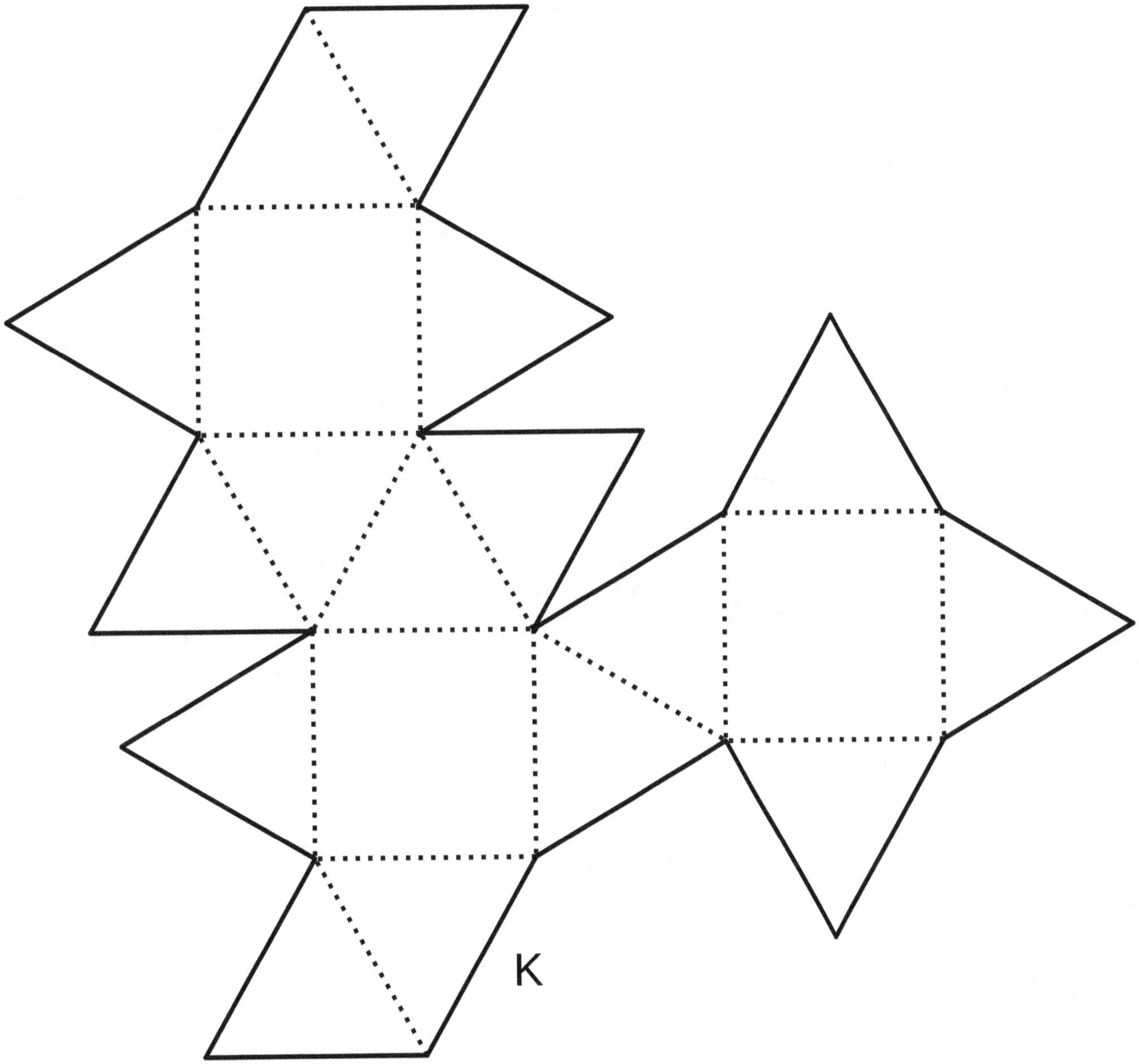

기하학적 개발 활동 책 작가 데이비드 E 맥아담스

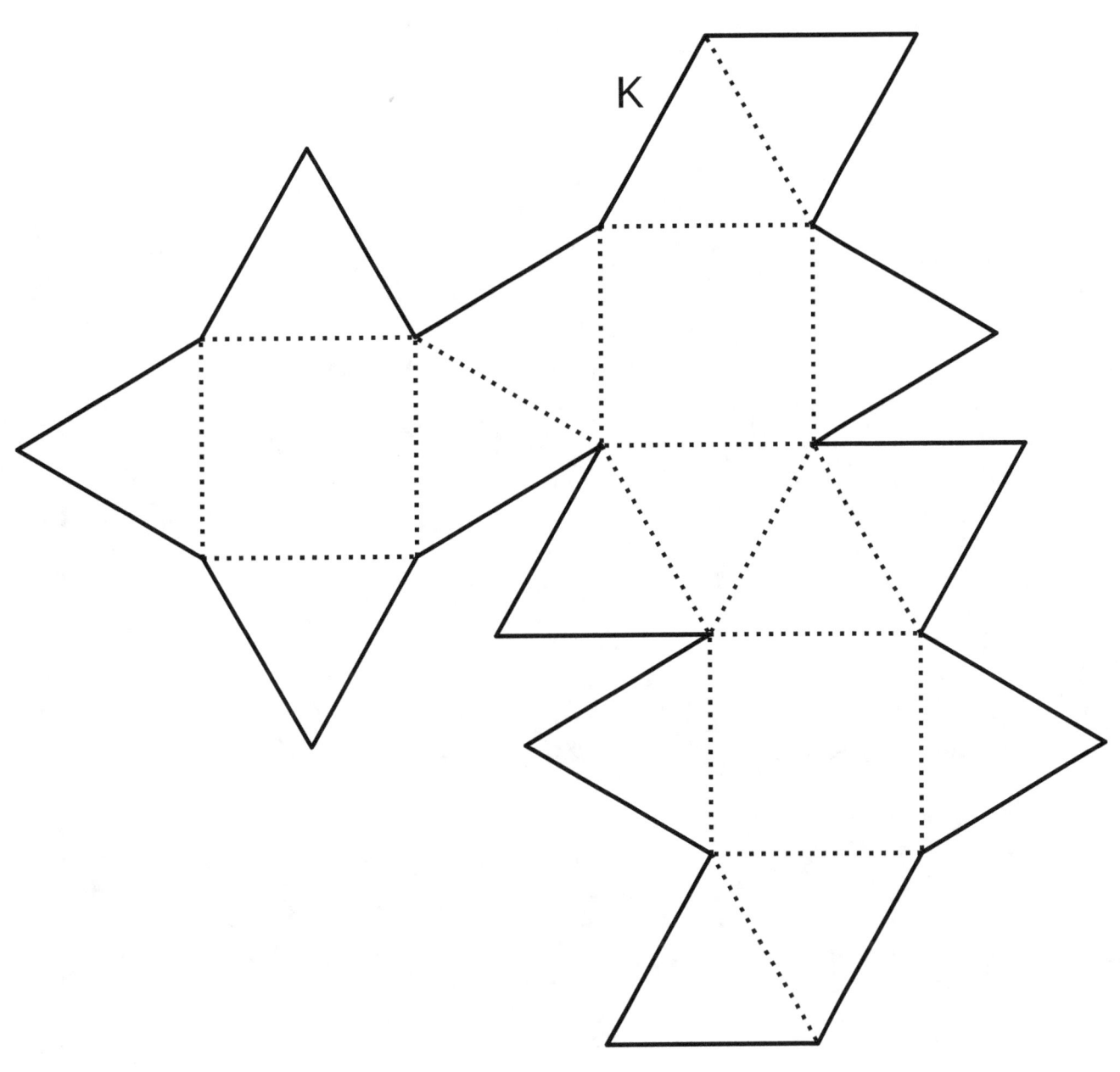

다듬은 정십이면체

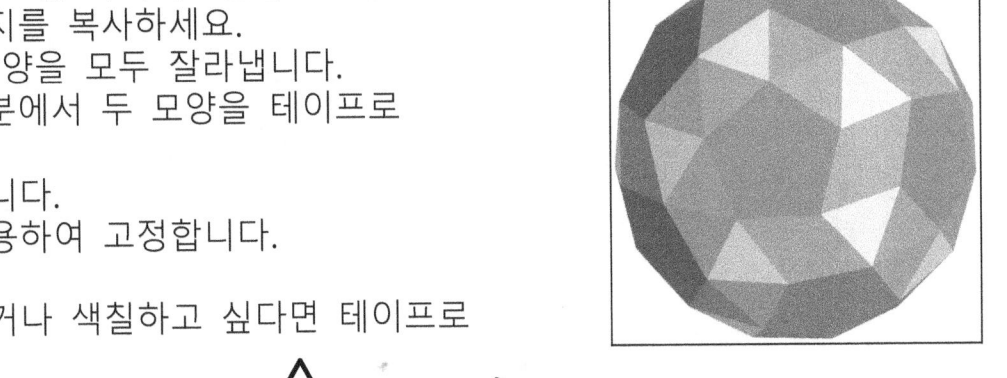

1. 이것은 두 부분으로 된 다이어그램입니다. 이 페이지와 다음 페이지를 복사하세요.
2. 실선을 따라 두 모양을 모두 잘라냅니다.
3. 'Z'라고 표시된 선분에서 두 모양을 테이프로 붙입니다.
4. 점선을 따라 접습니다.
5. 투명 테이프를 사용하여 고정합니다.

그물에 그림을 그리거나 색칠하고 싶다면 테이프로 붙이기 전에 하세요.

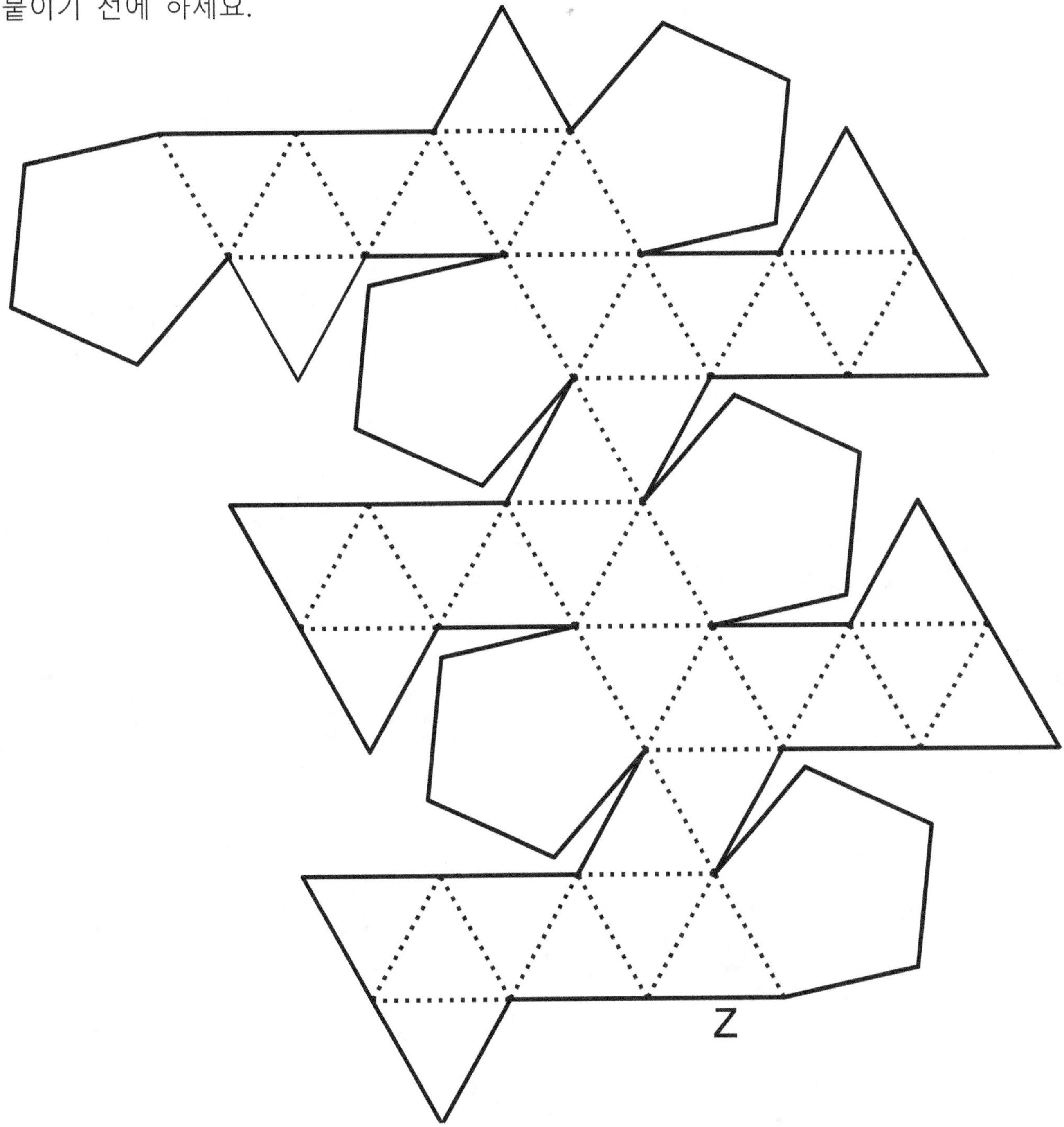

Z

기하학적 개발 활동 책 작가 데이비드 E 맥아담스

저작권 2024. 우연적이고 비상업적인 교육적 용도로만 복사할 수 있습니다. 자세한 내용은 저작권 고지를 참조하세요.

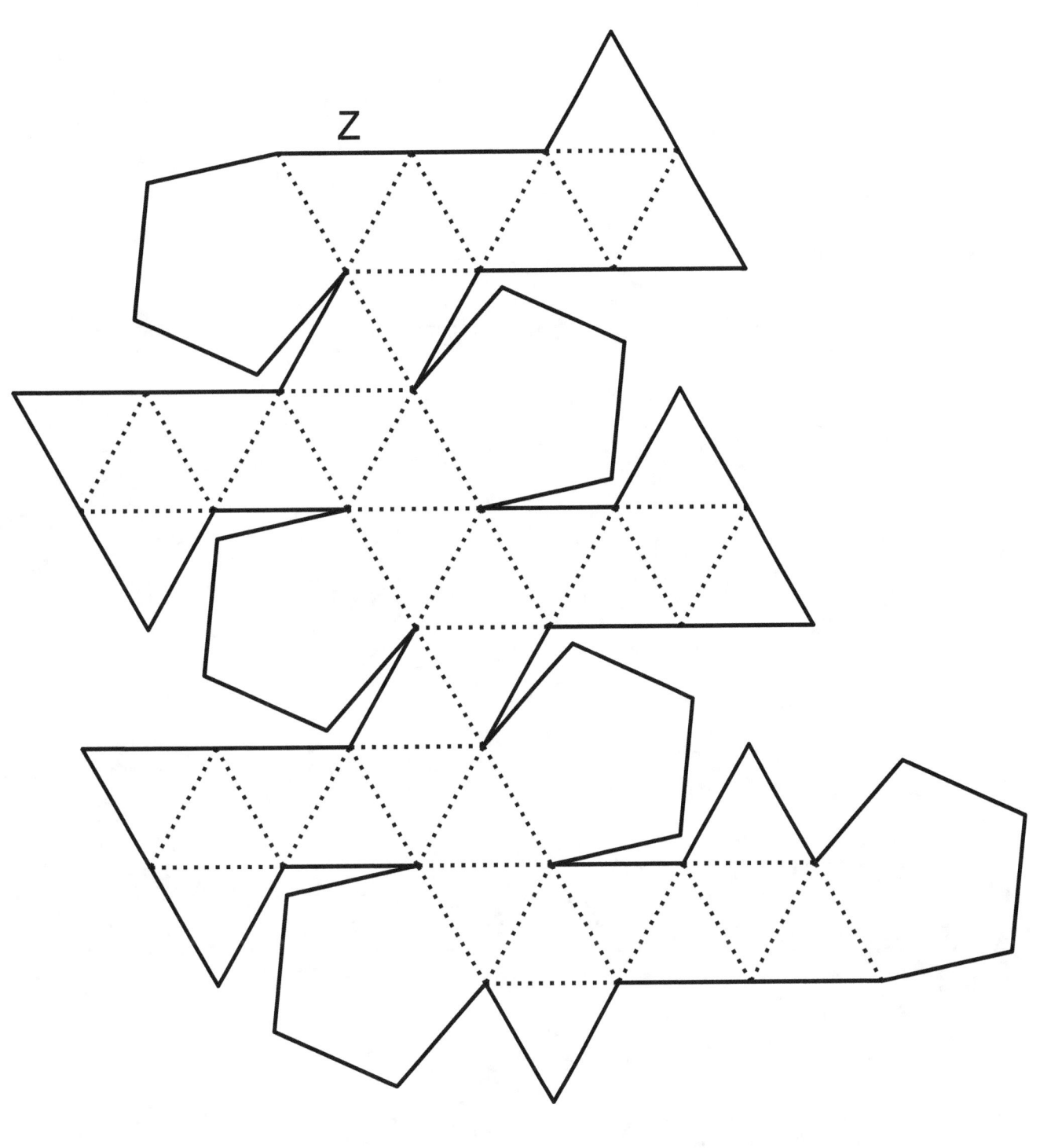

기하학적 개발 활동 책 작가 데이비드 E 맥아담스

엇사각기둥

1. 실선을 따라 잘라주세요.
2. 점선을 따라 접으세요.
3. 투명 테이프를 이용해 고정합니다.

그물에 그림을 그리거나 색칠하고 싶다면 테이프로 붙이기 전에 하세요.

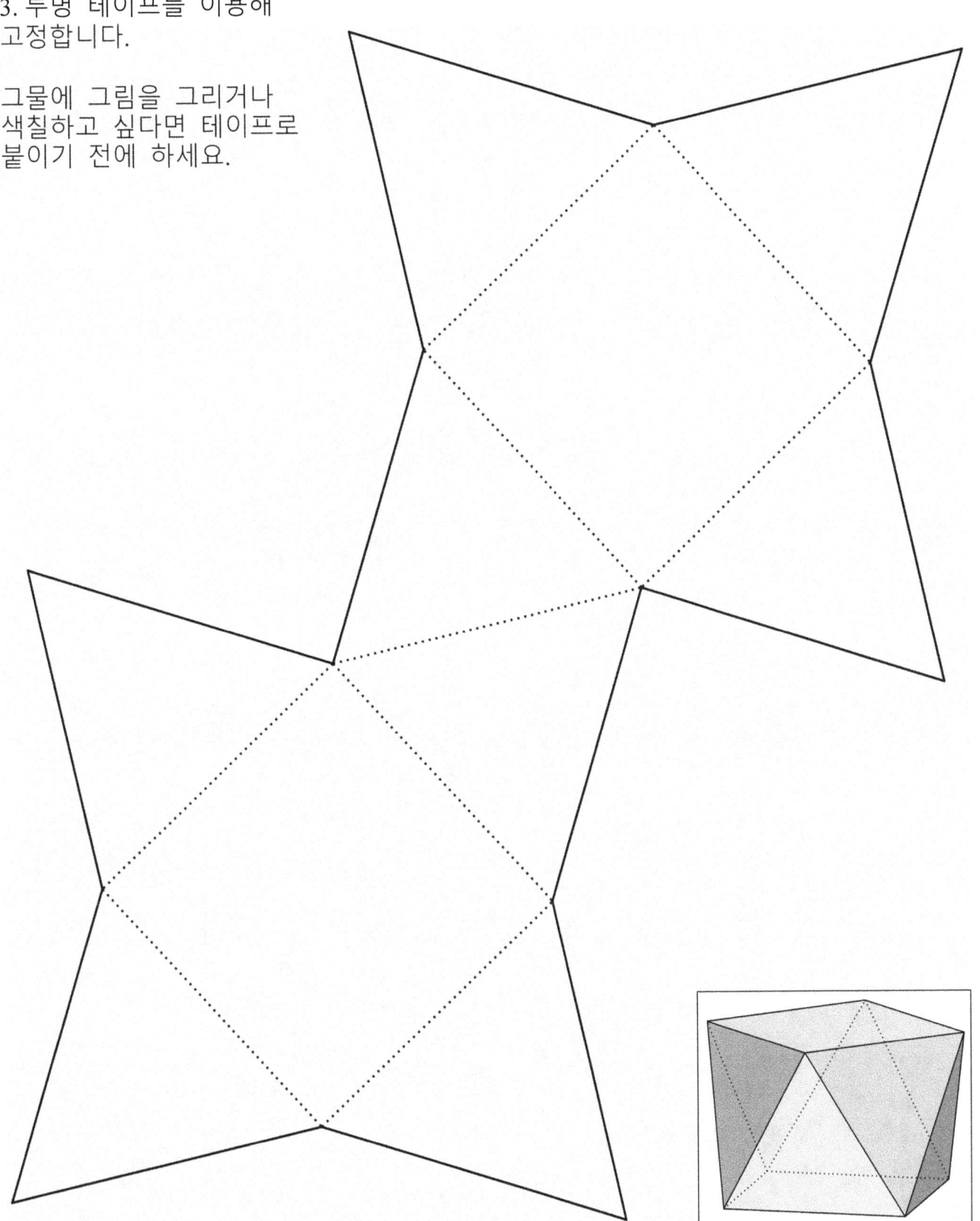

기하학적 개발 활동 책 작가 데이비드 E 맥아담스

저작권 2024. 우연적이고 비상업적인 교육적 용도로만 복사할 수 있습니다. 자세한 내용은 저작권 고지를 참조하세요.

사각지붕

1. 실선을 따라 잘라주세요.
2. 점선을 따라 접으세요.
3. 투명 테이프를 이용해 고정합니다.

그물에 그림을 그리거나 색칠하고 싶다면 테이프로 붙이기 전에 하세요.

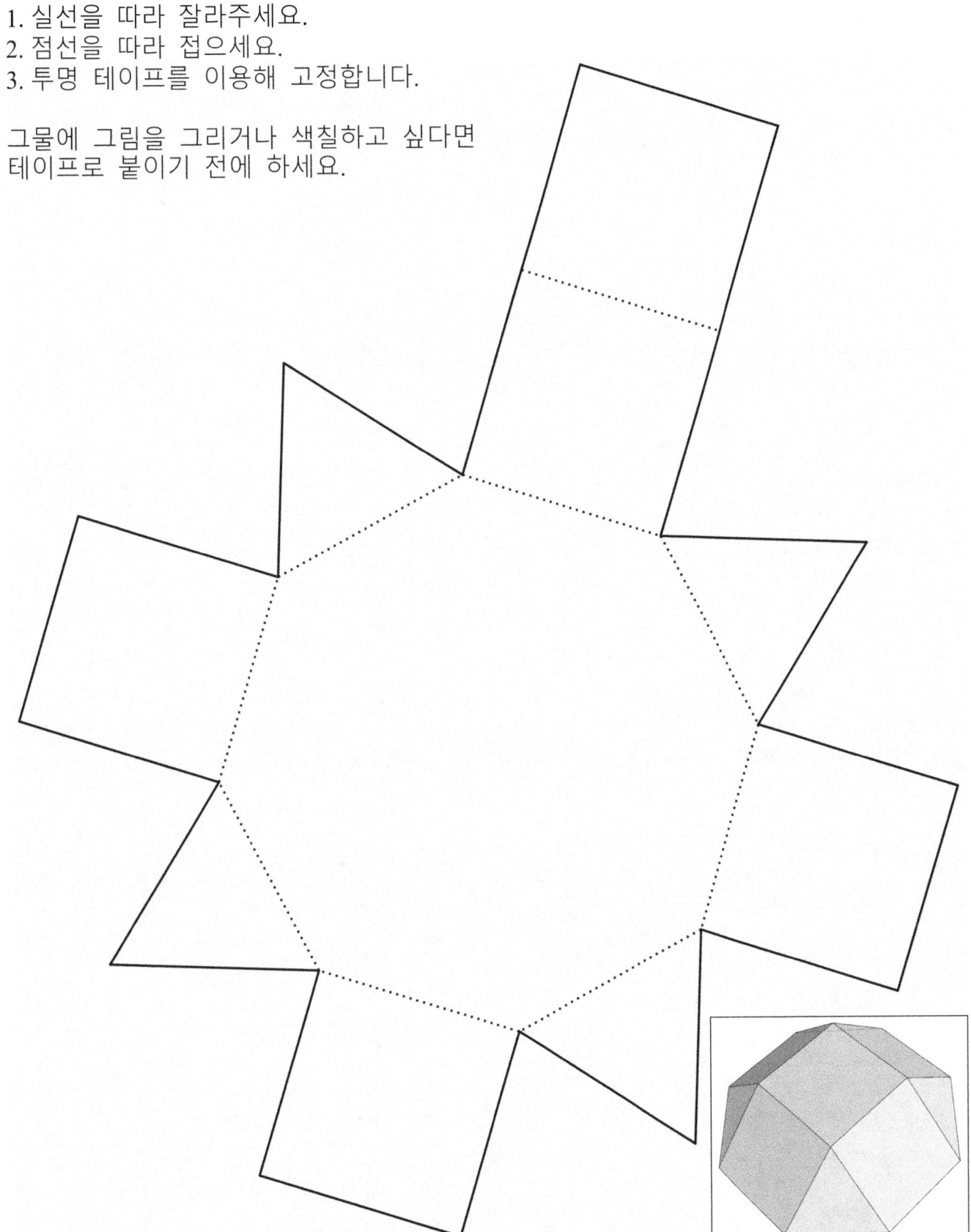

기하학적 개발 활동 책 작가 데이비드 E 맥아담스

사각뿔

1. 실선을 따라 잘라주세요.
2. 점선을 따라 접으세요.
3. 투명 테이프를 이용해 고정합니다.

그물에 그림을 그리거나 색칠하고 싶다면 테이프로 붙이기 전에 하세요.

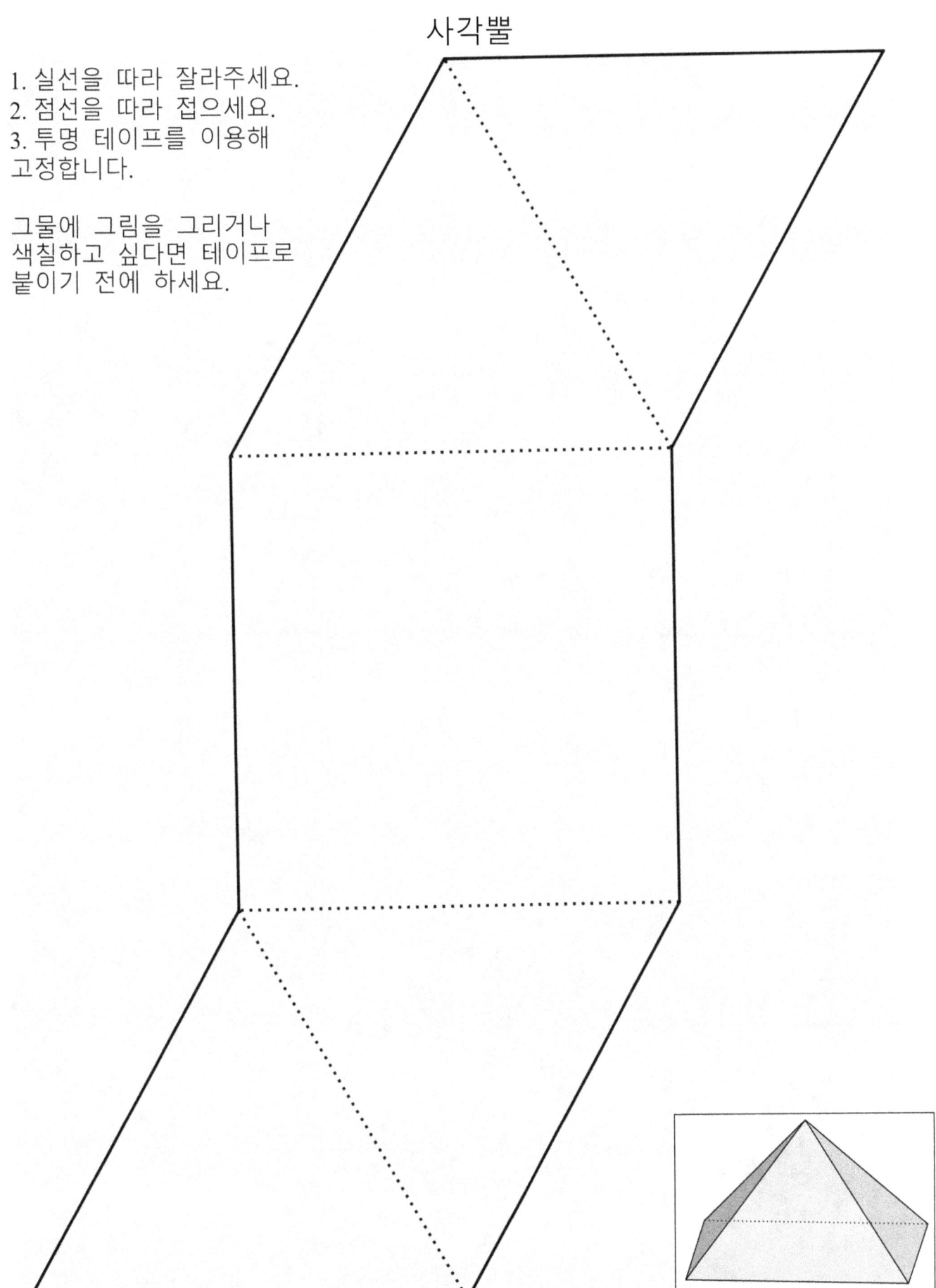

기하학적 개발 활동 책 작가 데이비드 E 맥아담스

저작권 2024. 우연적이고 비상업적인 교육적 용도로만 복사할 수 있습니다. 자세한 내용은 저작권 고지를 참조하세요.

정사각형 사다리꼴

1. 실선을 따라 잘라주세요.
2. 점선을 따라 접으세요.
3. 투명 테이프를 이용해 고정합니다.

그물에 그림을 그리거나 색칠하고
싶다면 테이프로 붙이기 전에 하세요.

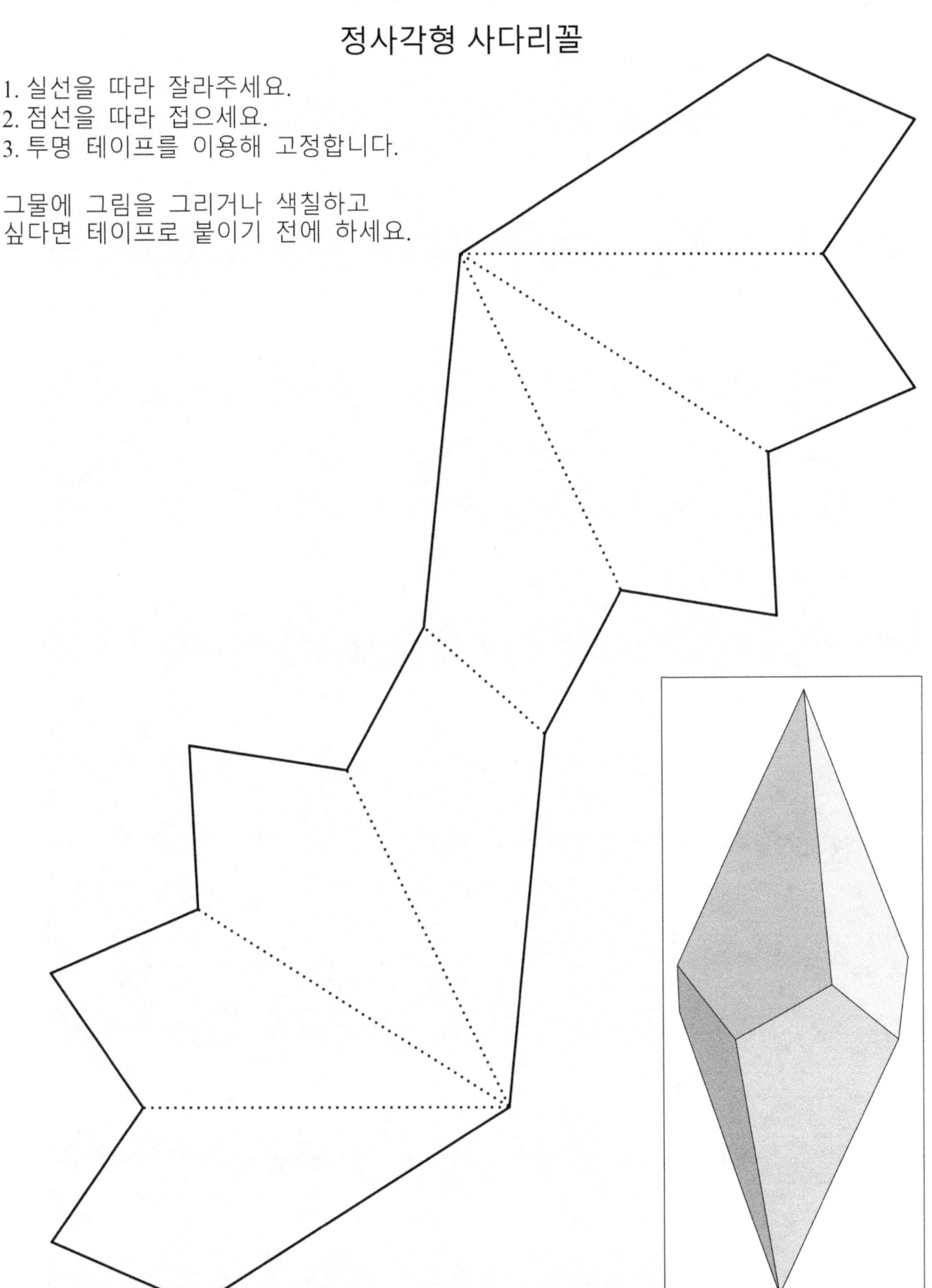

기하학적 개발 활동 책 작가 데이비드 E 맥아담스

별모양 팔면체

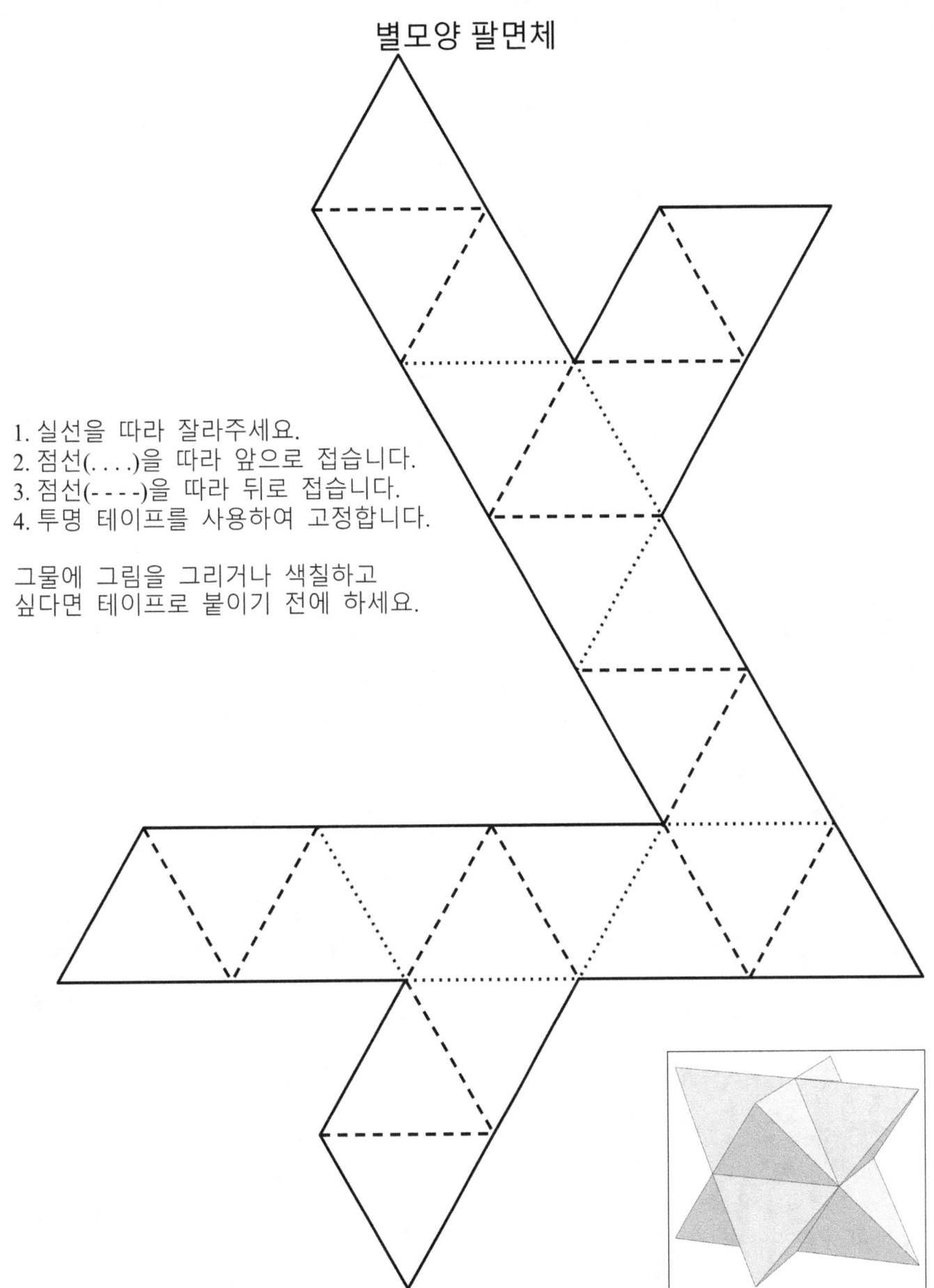

1. 실선을 따라 잘라주세요.
2. 점선(....)을 따라 앞으로 접습니다.
3. 점선(----)을 따라 뒤로 접습니다.
4. 투명 테이프를 사용하여 고정합니다.

그물에 그림을 그리거나 색칠하고 싶다면 테이프로 붙이기 전에 하세요.

기하학적 개발 활동 책 작가 데이비드 E 맥아담스
저작권 2024. 우연적이고 비상업적인 교육적 용도로만 복사할 수 있습니다. 자세한 내용은 저작권 고지를 참조하세요.

정 4 면체

1. 실선을 따라 잘라주세요.
2. 점선을 따라 접으세요.
3. 투명 테이프를 이용해 고정합니다.

그물에 그림을 그리거나 색칠하고 싶다면 테이프로 붙이기 전에 하세요.

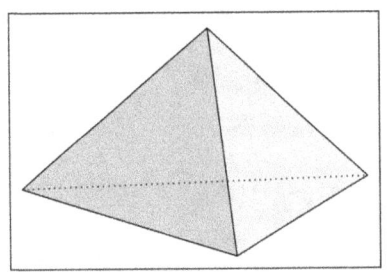

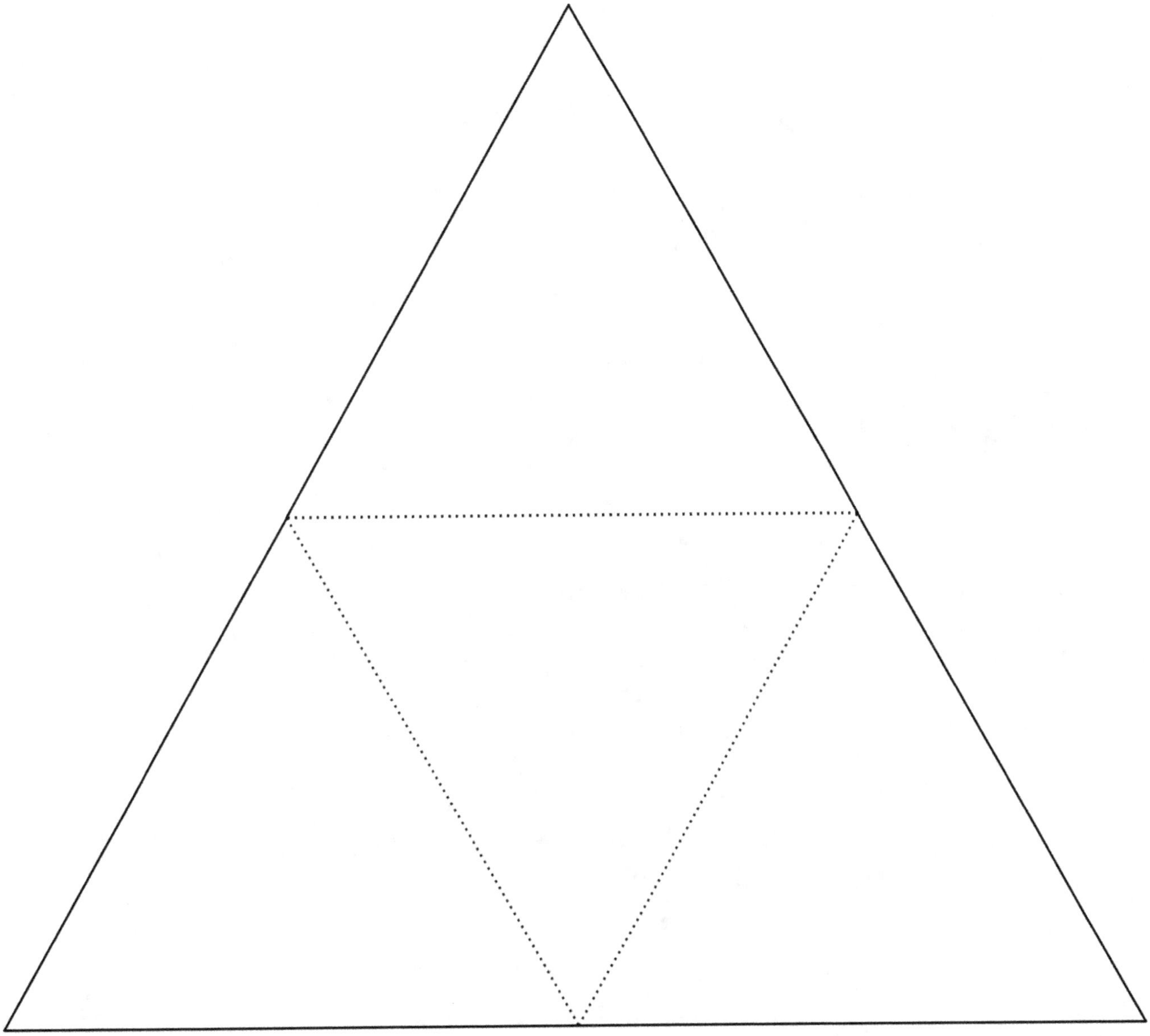

기하학적 개발 활동 책 작가 데이비드 E 맥아담스

저작권 2024. 우연적이고 비상업적인 교육적 용도로만 복사할 수 있습니다. 자세한 내용은 저작권 고지를 참조하세요.

테트라키스 육면체

1. 실선을 따라 잘라주세요.
2. 점선을 따라 접으세요.
3. 투명 테이프를 이용해 고정합니다.

그물에 그림을 그리거나 색칠하고 싶다면 테이프로 붙이기 전에 하세요.

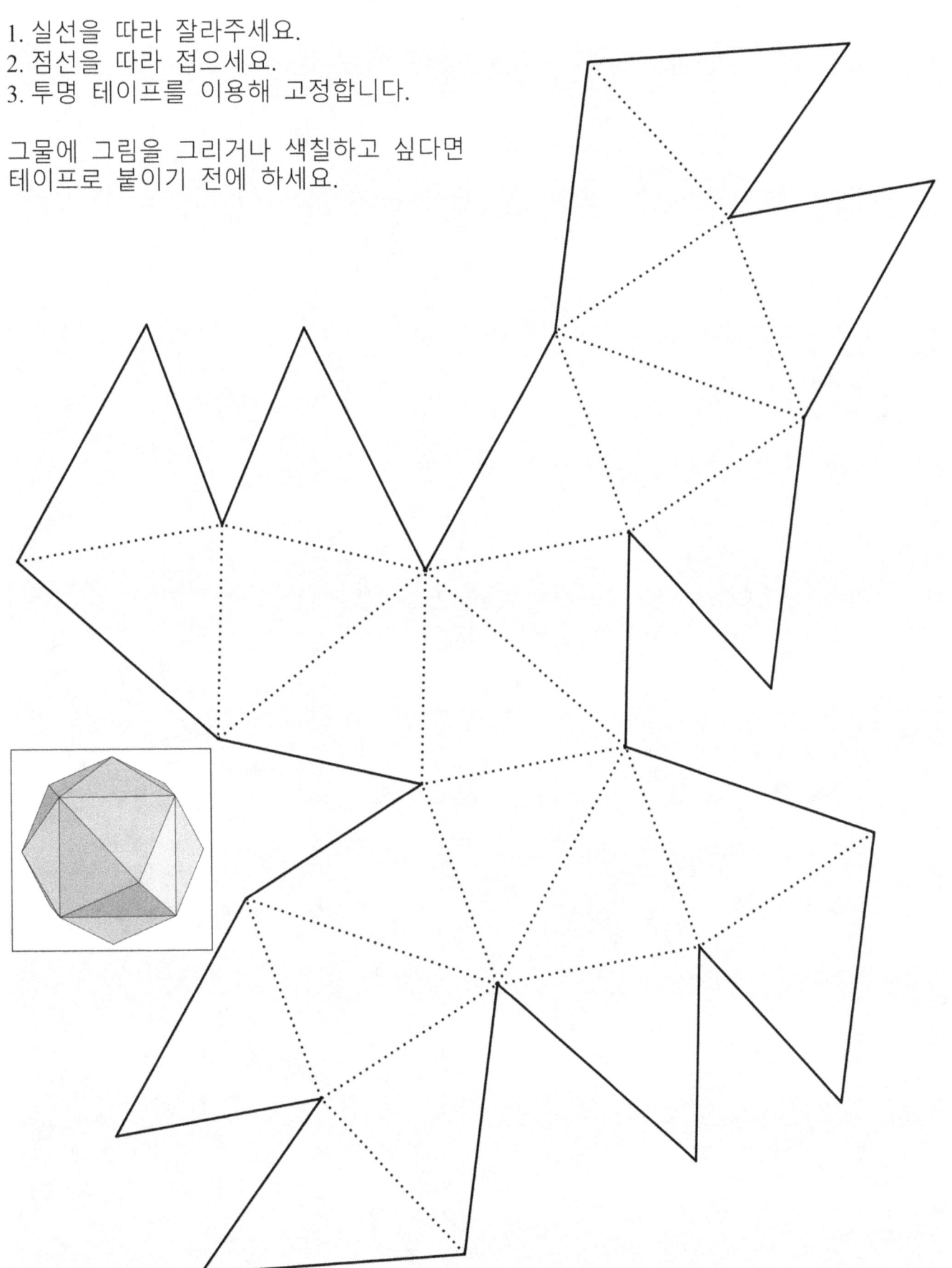

기하학적 개발 활동 책 작가 데이비드 E 맥아담스

삼방팔면체

1. 실선을 따라 잘라주세요.
2. 점선을 따라 접으세요.
3. 투명 테이프를 이용해 고정합니다.

그물에 그림을 그리거나 색칠하고 싶다면
테이프로 붙이기 전에 하세요.

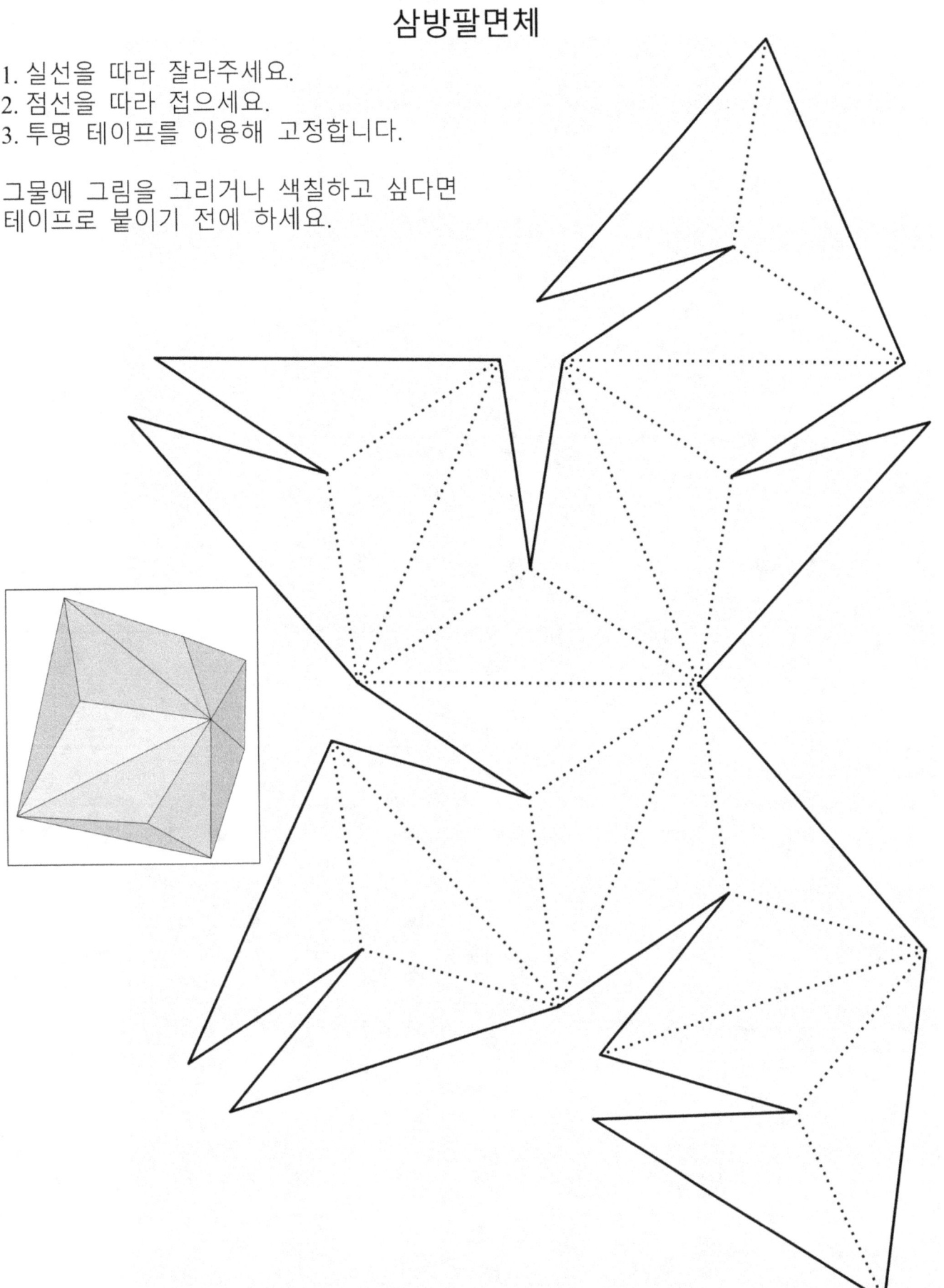

기하학적 개발 활동 책 작가 데이비드 E 맥아담스

삼방사면체

1. 실선을 따라 잘라주세요.
2. 점선을 따라 접으세요.
3. 투명 테이프를 이용해 고정합니다.

그물에 그림을 그리거나 색칠하고 싶다면
테이프로 붙이기 전에 하세요.

기하학적 개발 활동 책 작가 데이비드 E 맥아담스

삼각지붕

1. 실선을 따라 잘라주세요.
2. 점선을 따라 접으세요.
3. 투명 테이프를 이용해 고정합니다.

그물에 그림을 그리거나 색칠하고 싶다면 테이프로 붙이기 전에 하세요.

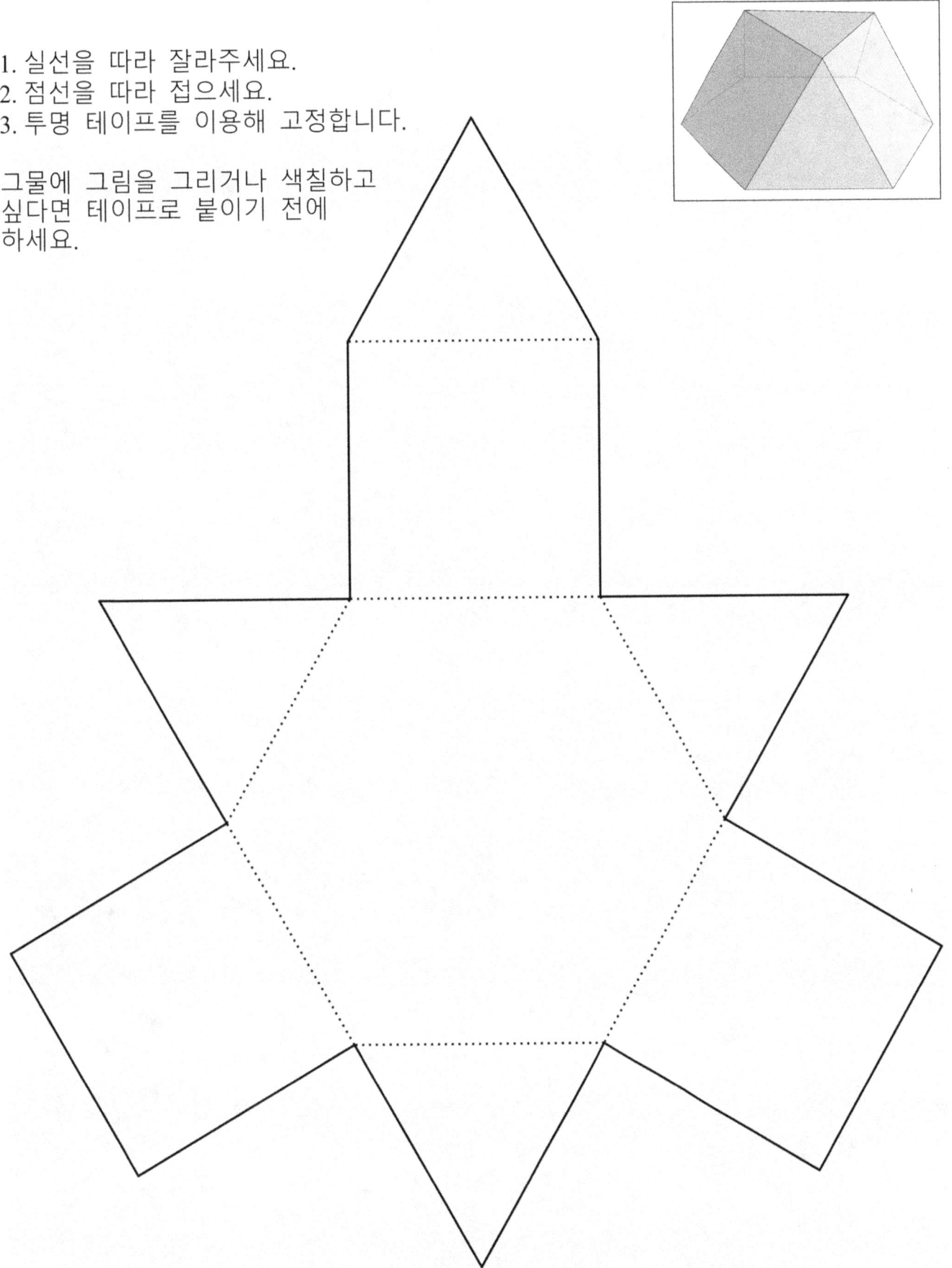

기하학적 개발 활동 책 작가 데이비드 E 맥아담스

삼각쌍뿔

1. 실선을 따라 잘라주세요.
2. 점선을 따라 접으세요.
3. 투명 테이프를 이용해 고정합니다.

그물에 그림을 그리거나 색칠하고 싶다면 테이프로 붙이기 전에 하세요.

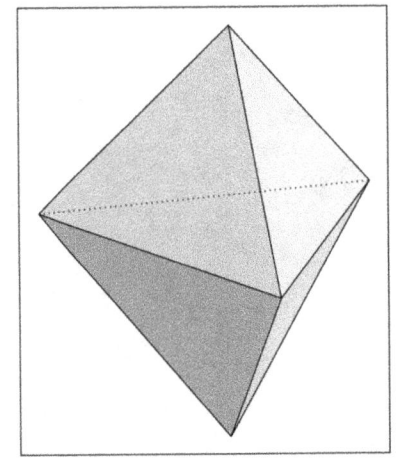

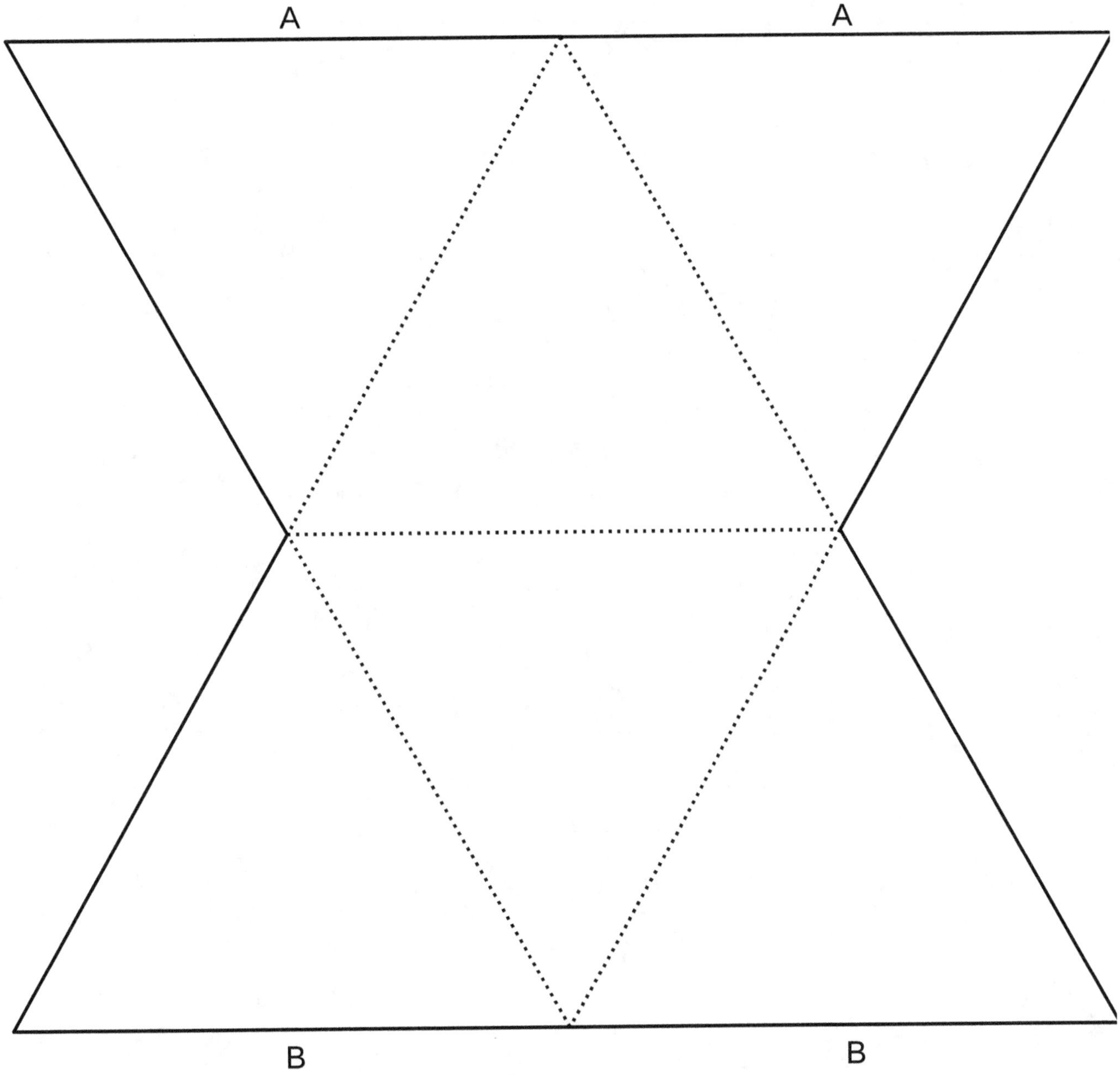

A A

B B

기하학적 개발 활동 책 작가 데이비드 E 맥아담스

삼각 오면체

1. 실선을 따라 잘라주세요.
2. 점선을 따라 접으세요.
3. 투명 테이프를 이용해 고정합니다.

그물에 그림을 그리거나 색칠하고 싶다면 테이프로 붙이기 전에 하세요.

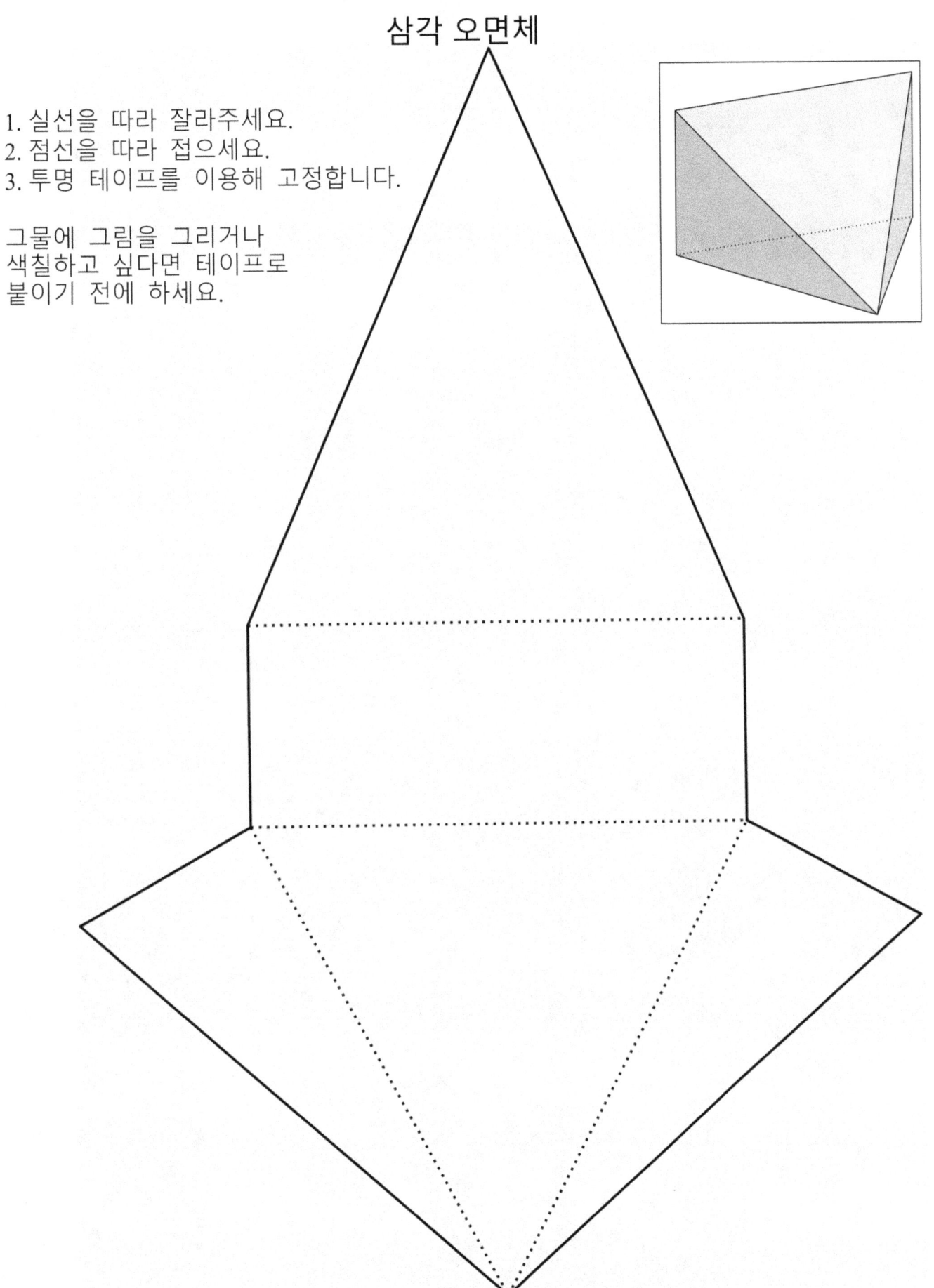

기하학적 개발 활동 책 작가 데이비드 E 맥아담스

삼각기둥

1. 실선을 따라 잘라주세요.
2. 점선을 따라 접으세요.
3. 투명 테이프를 이용해 고정합니다.

그물에 그림을 그리거나 색칠하고 싶다면 테이프로 붙이기 전에 하세요.

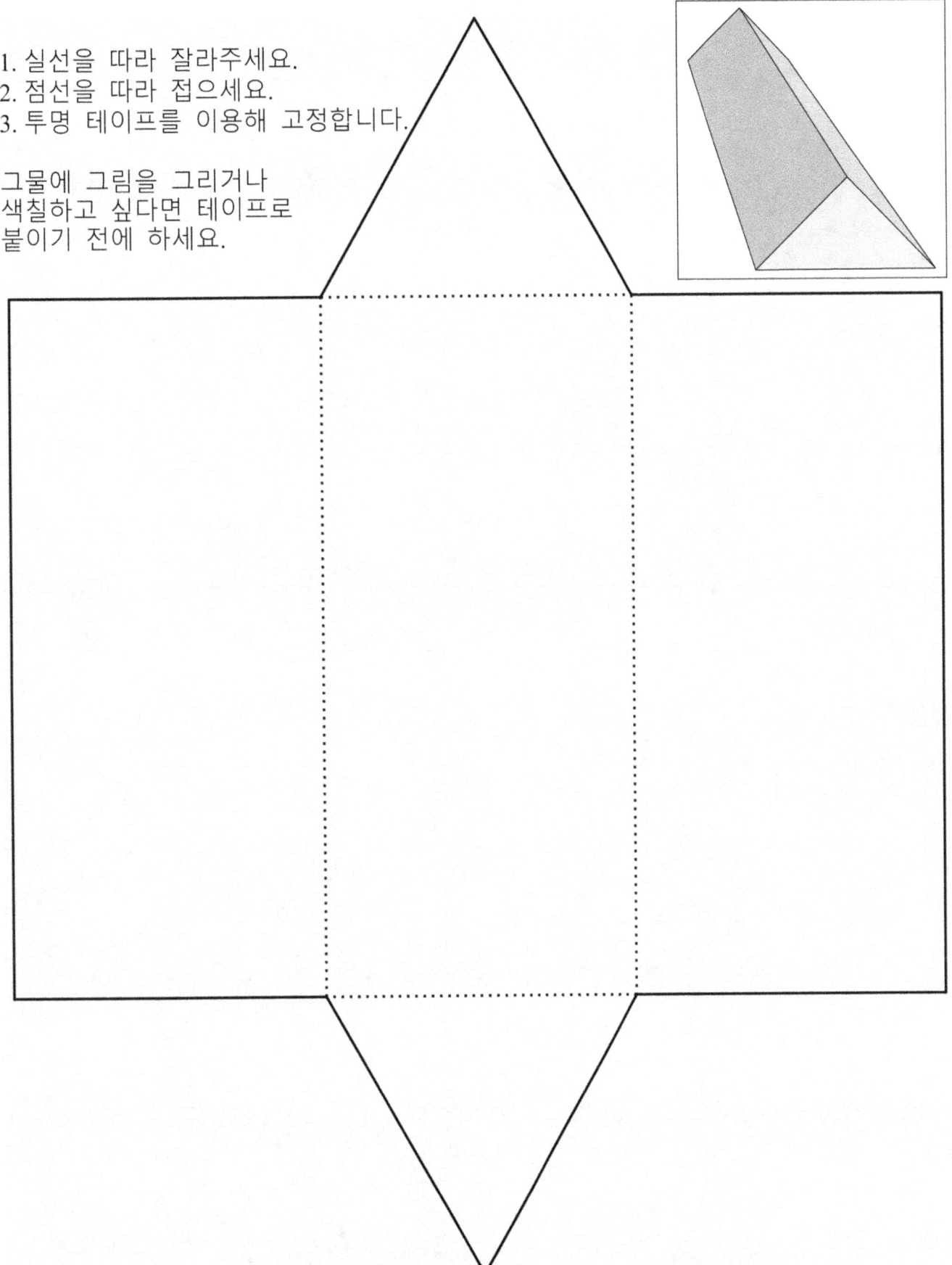

기하학적 개발 활동 책 작가 데이비드 E 맥아담스

비스듬한 삼각뿔

1. 실선을 따라 잘라주세요.
2. 점선을 따라 접으세요.
3. 투명 테이프를 이용해 고정합니다.

그물에 그림을 그리거나 색칠하고 싶다면 테이프로 붙이기 전에 하세요.

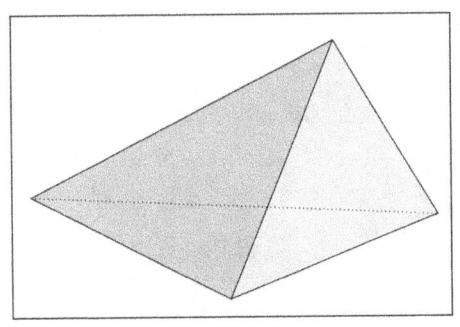

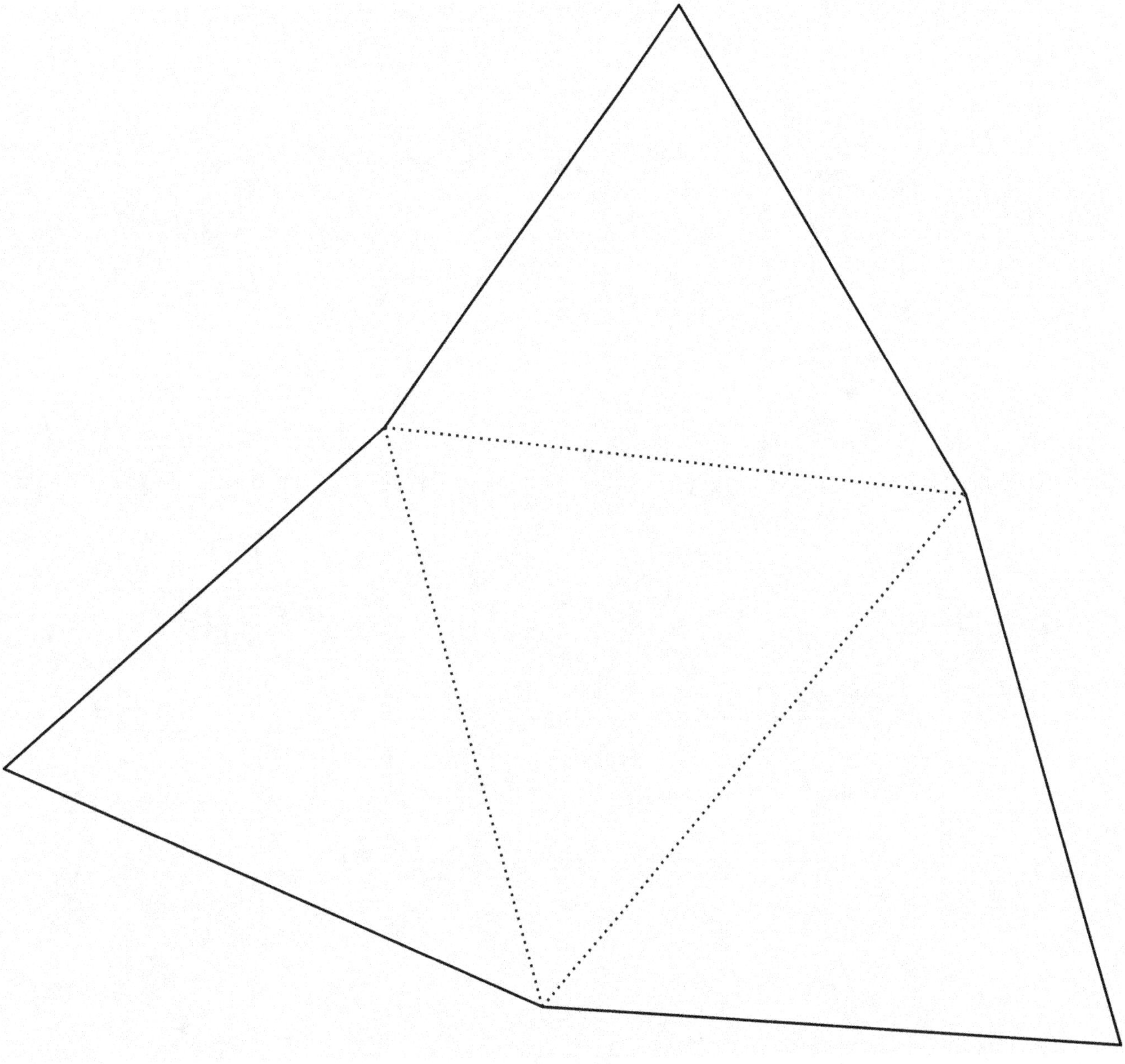

기하학적 개발 활동 책 작가 데이비드 E 맥아담스
저작권 2024. 우연적이고 비상업적인 교육적 용도로만 복사할 수 있습니다. 자세한 내용은 저작권 고지를 참조하세요.

깎은 정육면체

1. 실선을 따라 잘라주세요.
2. 점선을 따라 접으세요.
3. 투명 테이프를 이용해 고정합니다.

그물에 그림을 그리거나 색칠하고 싶다면 테이프로 붙이기 전에 하세요.

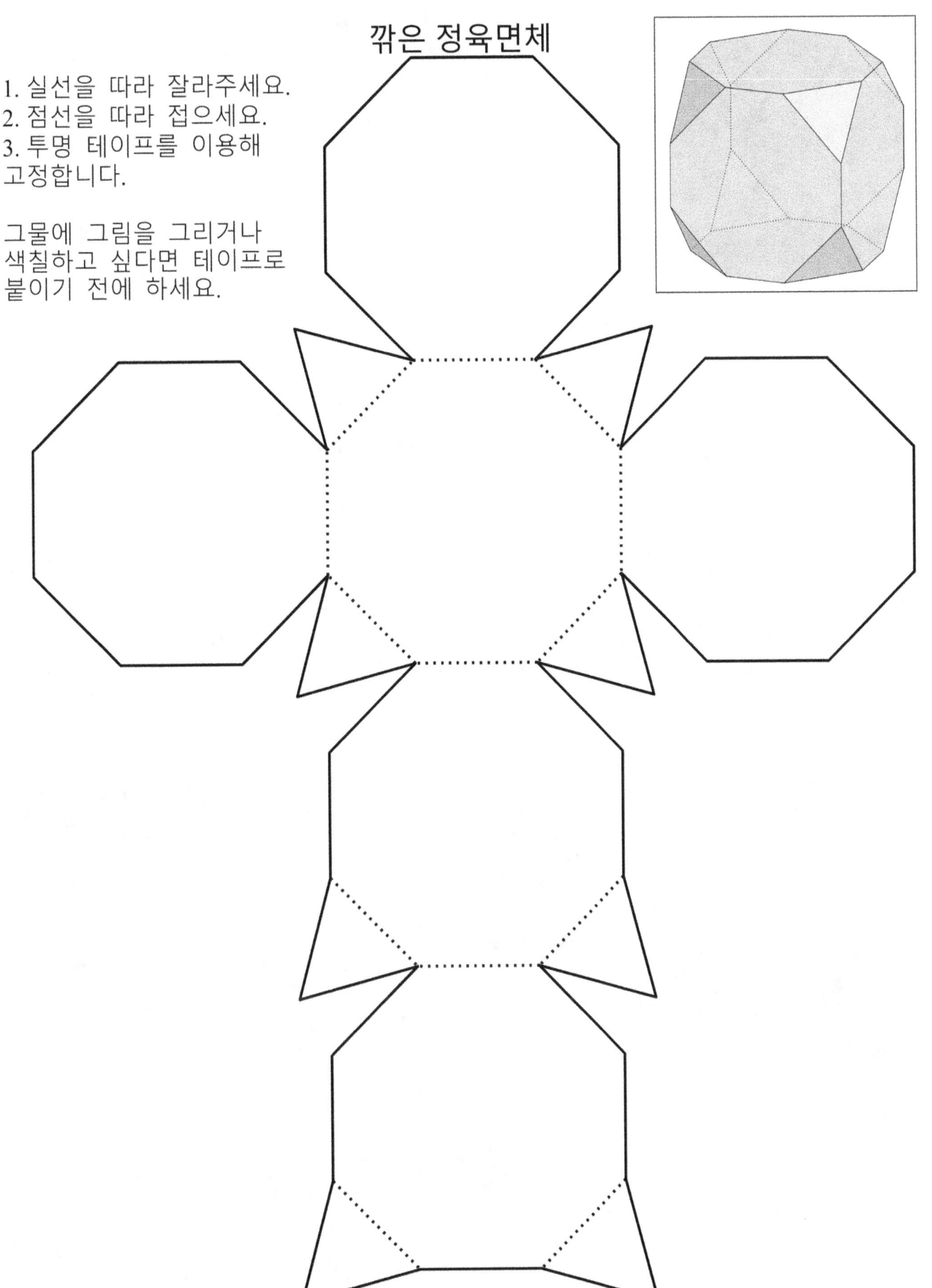

기하학적 개발 활동 책 작가 데이비드 E 맥아담스

깎은 육팔면체

1. 실선을 따라 잘라주세요.
2. 점선을 따라 접으세요.
3. 투명 테이프를 이용해 고정합니다.

그물에 그림을 그리거나 색칠하고 싶다면 테이프로 붙이기 전에 하세요.

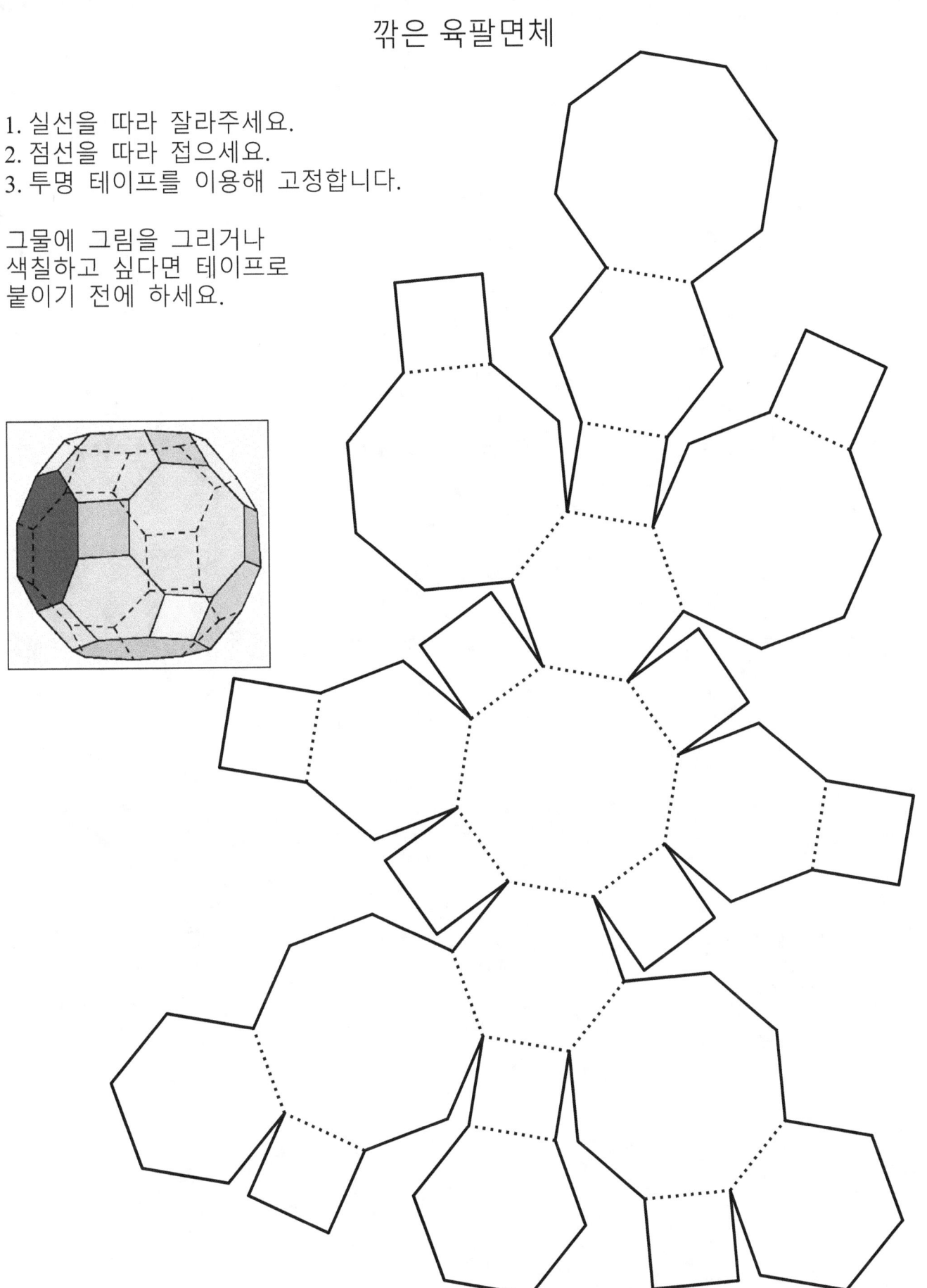

기하학적 개발 활동 책 작가 데이비드 E 맥아담스

깎은 정십이면체

1. 이것은 두 부분으로 된 다이어그램입니다. 이 페이지와 다음 페이지를 복사하세요.
2. 실선을 따라 두 모양을 모두 잘라냅니다.
3. 'Q'라고 표시된 선분에서 두 모양을 테이프로 붙입니다.
4. 점선을 따라 접습니다.
5. 투명 테이프를 사용하여 고정합니다.

그물에 그림을 그리거나 색칠하고 싶다면 테이프로 붙이기 전에 하세요.

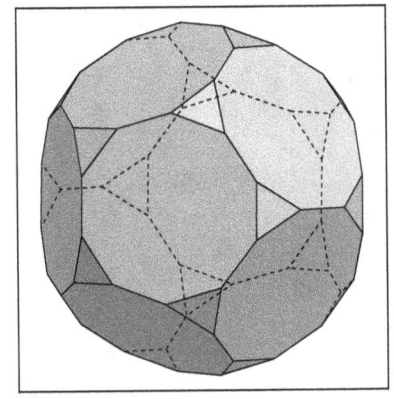

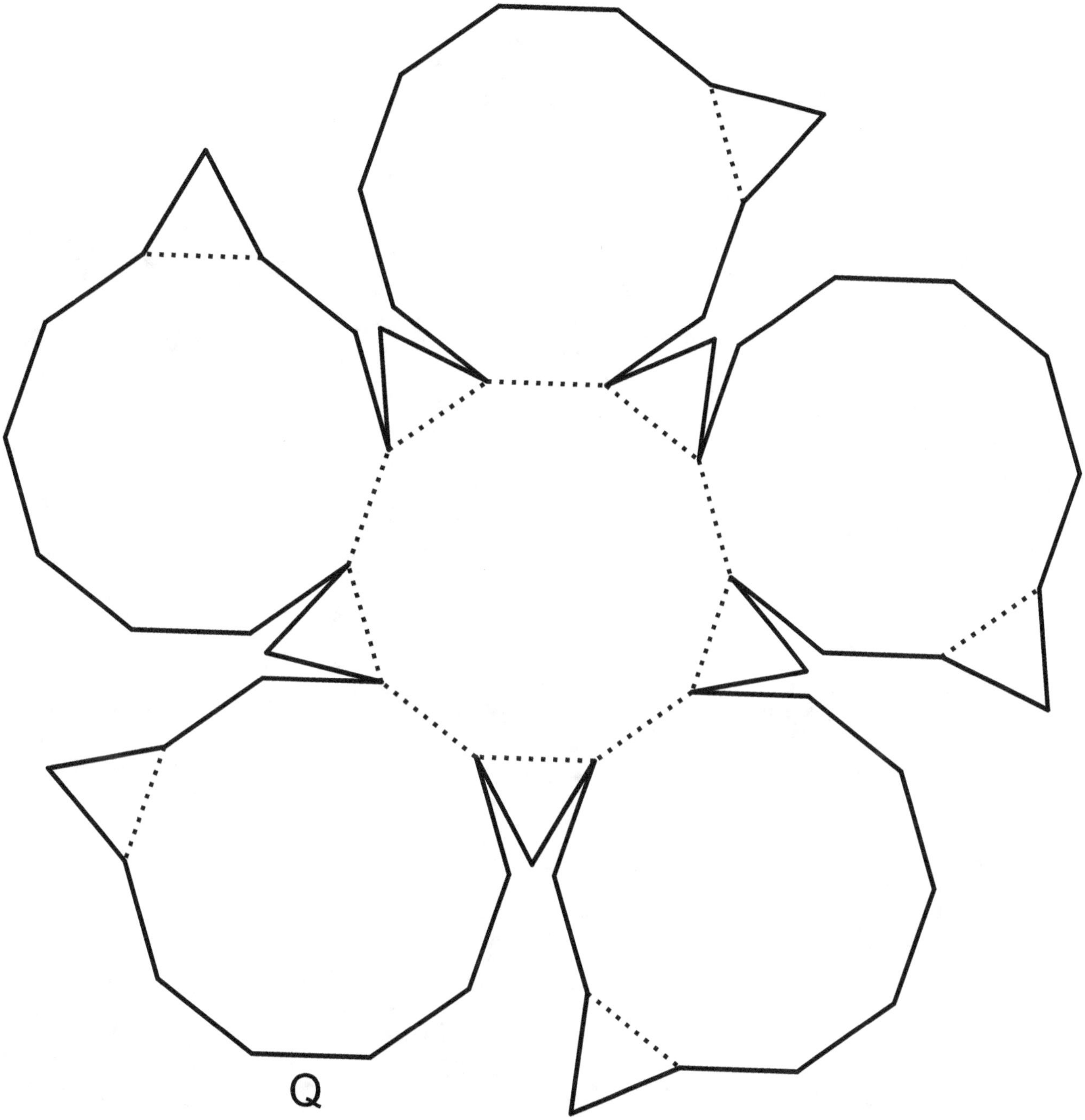

Q

기하학적 개발 활동 책 작가 데이비드 E 맥아담스

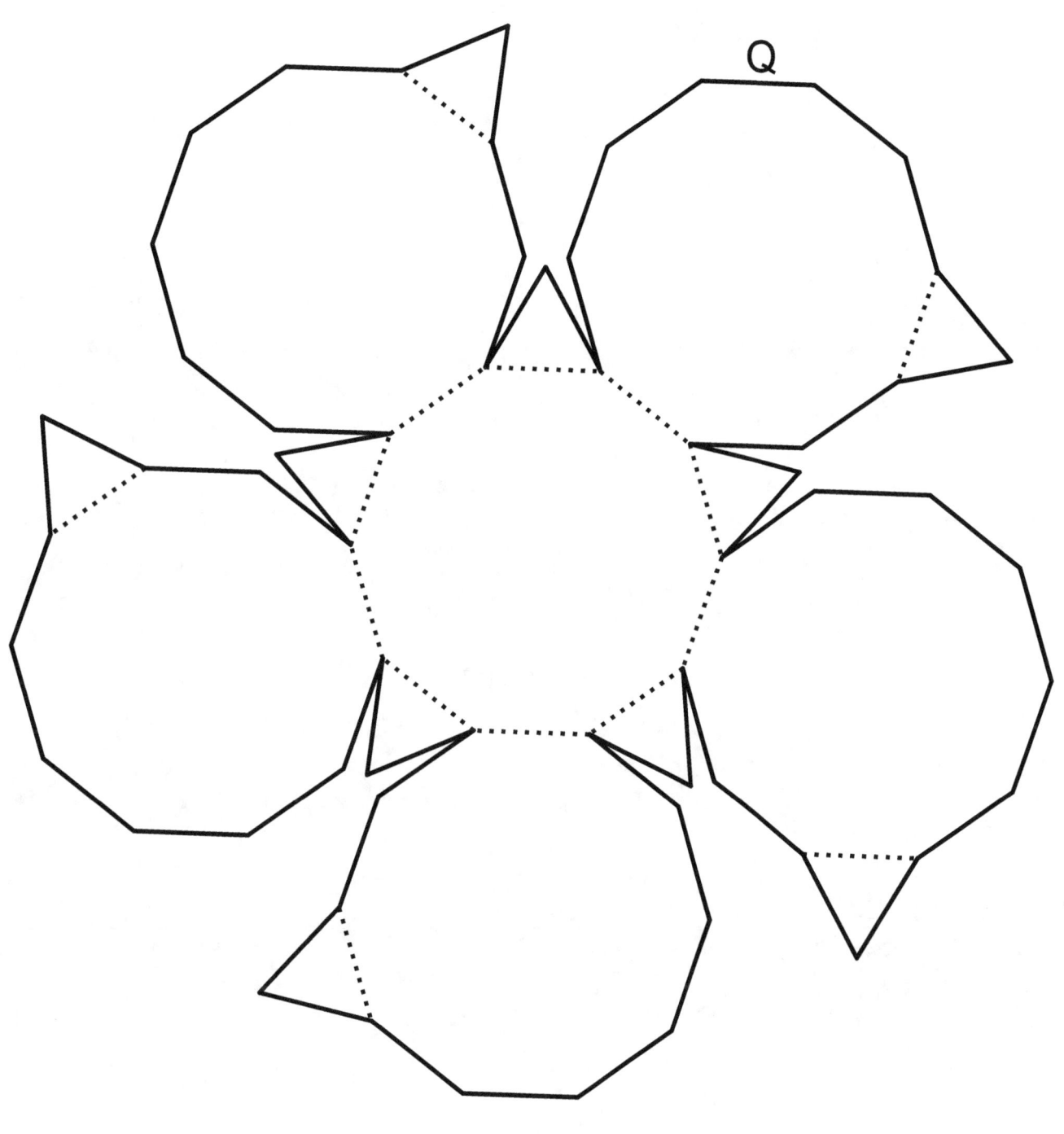

깎은 정이십면체

1. 이것은 3부 구성 다이어그램입니다. 이 페이지와 다음 두 페이지를 복사하세요.
2. 실선을 따라 모든 모양을 잘라냅니다.
3. 'B'로 표시된 선에 두 모양을 테이프로 붙입니다.
4. 점선을 따라 접습니다.
5. 투명 테이프로 고정합니다.

그물에 그림을 그리거나 색칠하고 싶다면 테이프로 붙이기 전에 하세요.

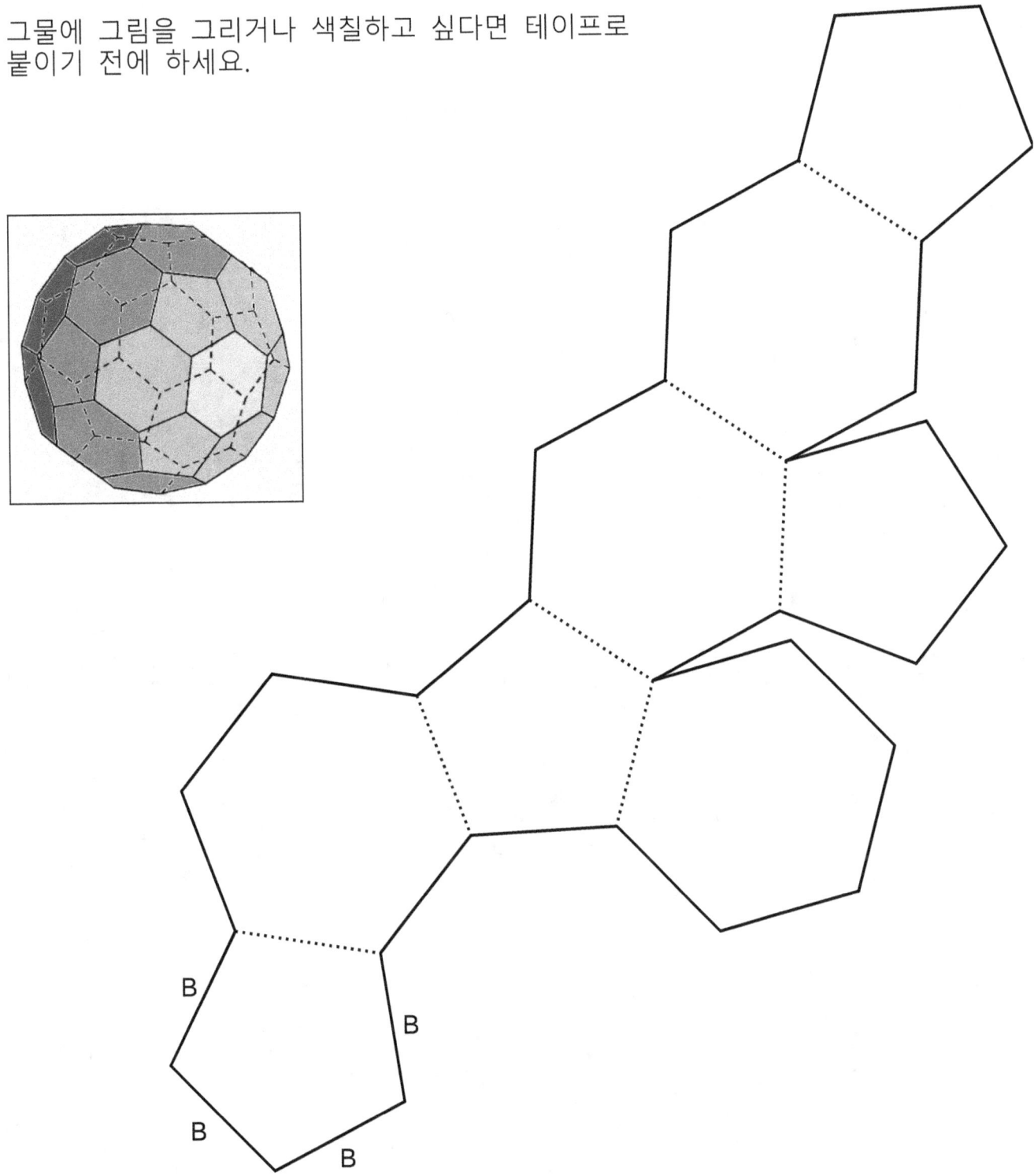

기하학적 개발 활동 책 작가 데이비드 E 맥아담스

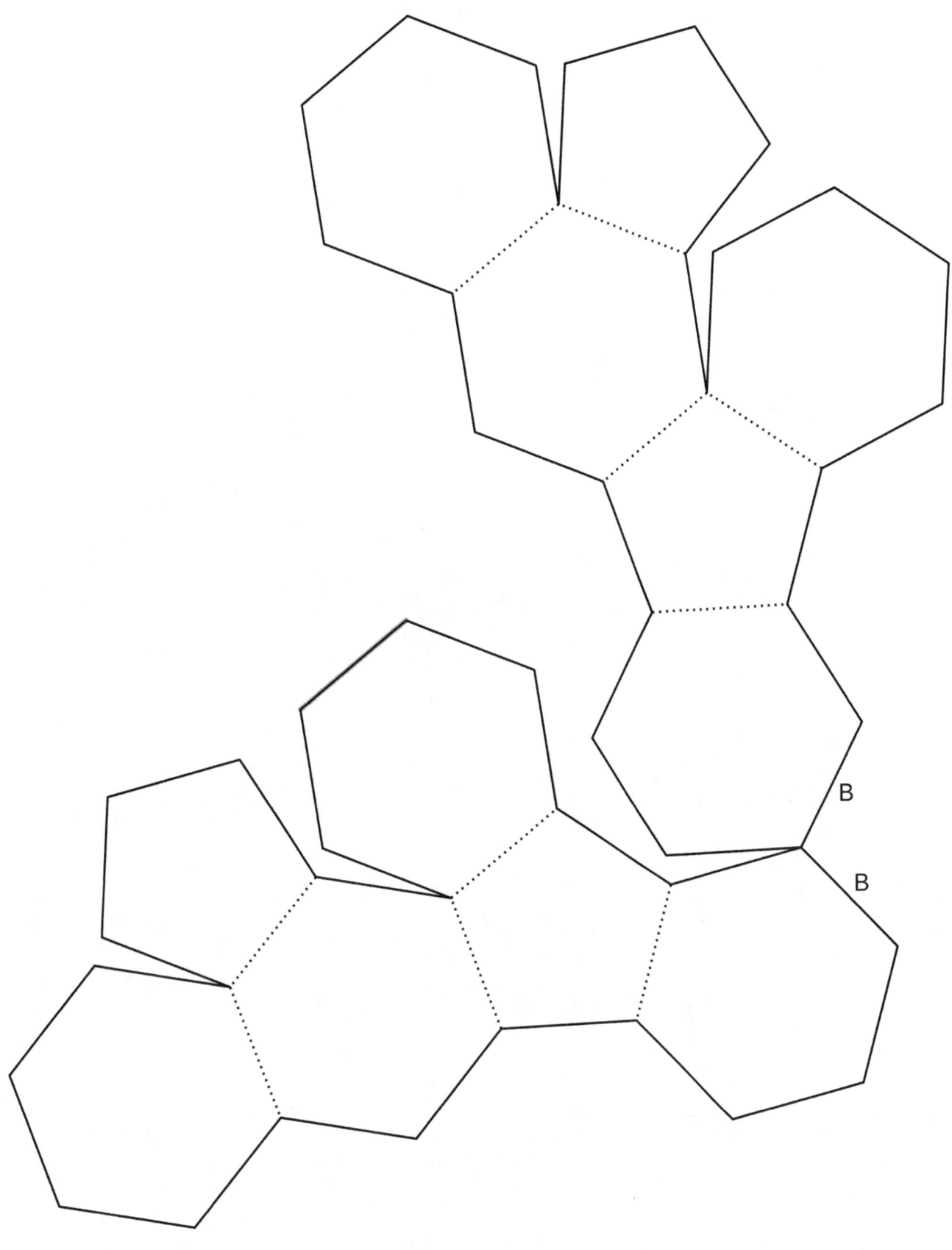

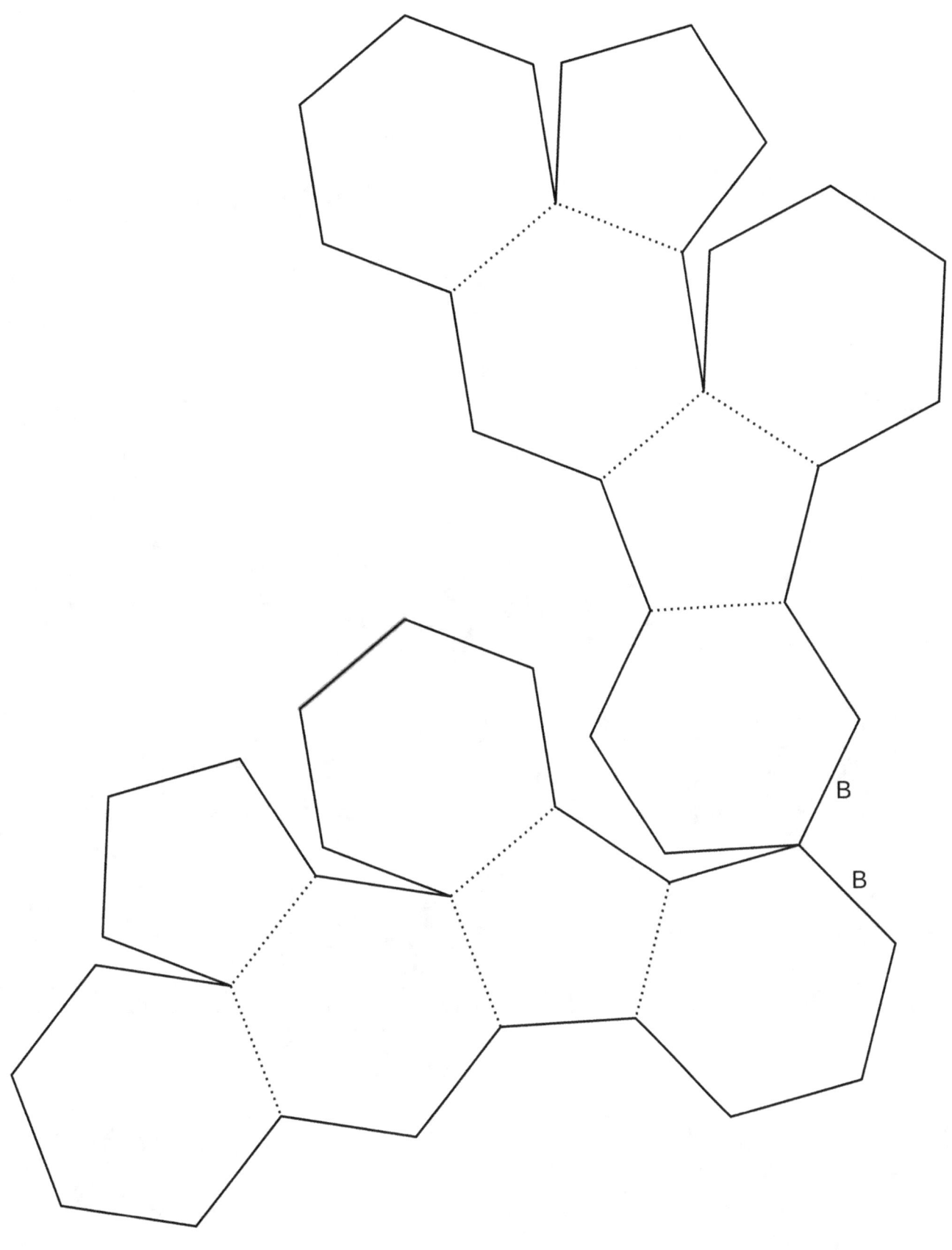

깎은 십이이십면체

1. 이것은 3부 구성 다이어그램입니다. 이 페이지와 다음 두 페이지를 복사하세요.
2. 실선을 따라 모든 모양을 잘라냅니다.
3. 'A'로 표시된 선에 두 모양을 테이프로 붙입니다.
4. 점선을 따라 접습니다.
5. 투명 테이프로 고정합니다.

그물에 그림을 그리거나 색칠하고 싶다면 테이프로 붙이기 전에 하세요.

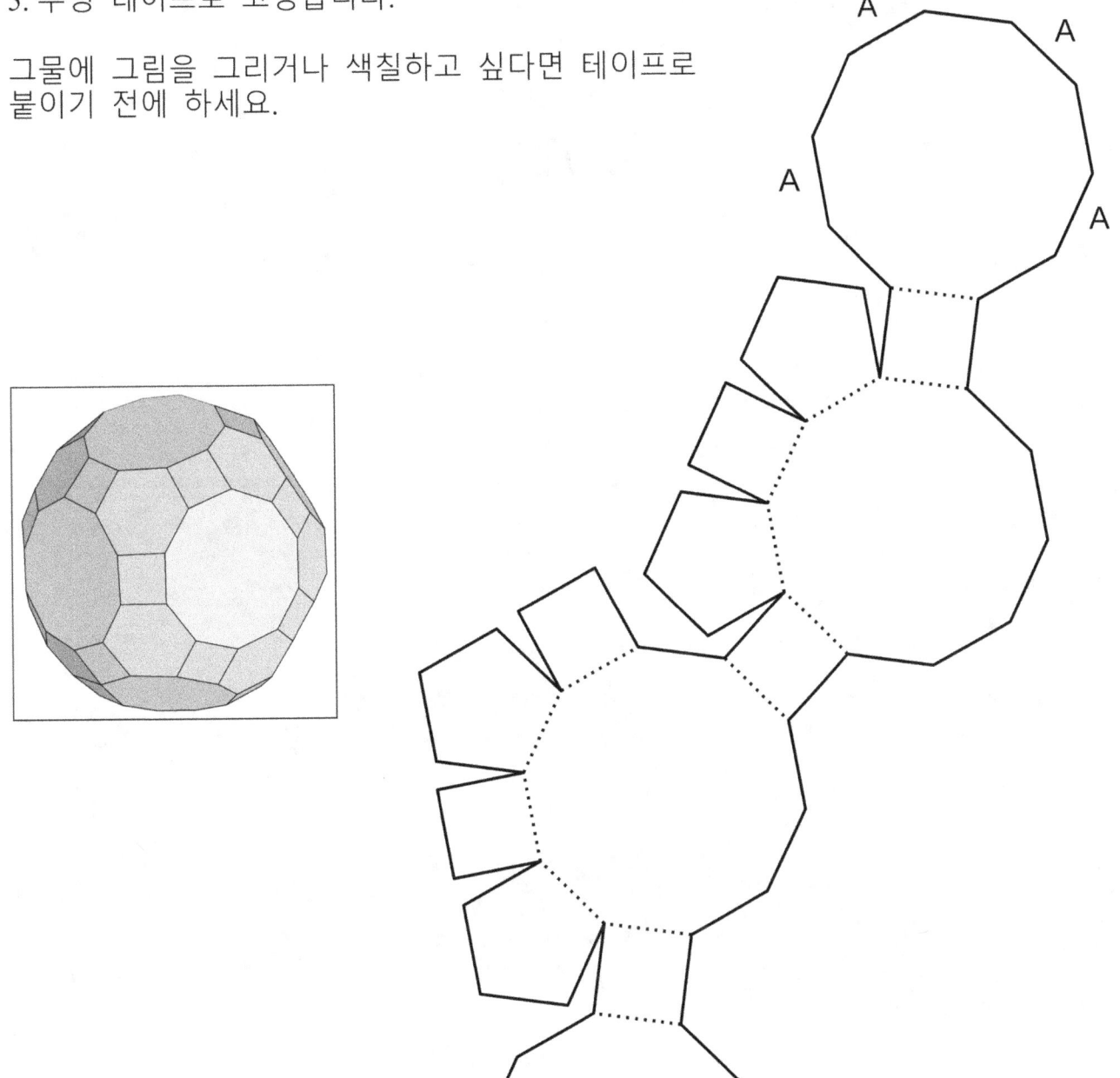

기하학적 개발 활동 책 작가 데이비드 E 맥아담스

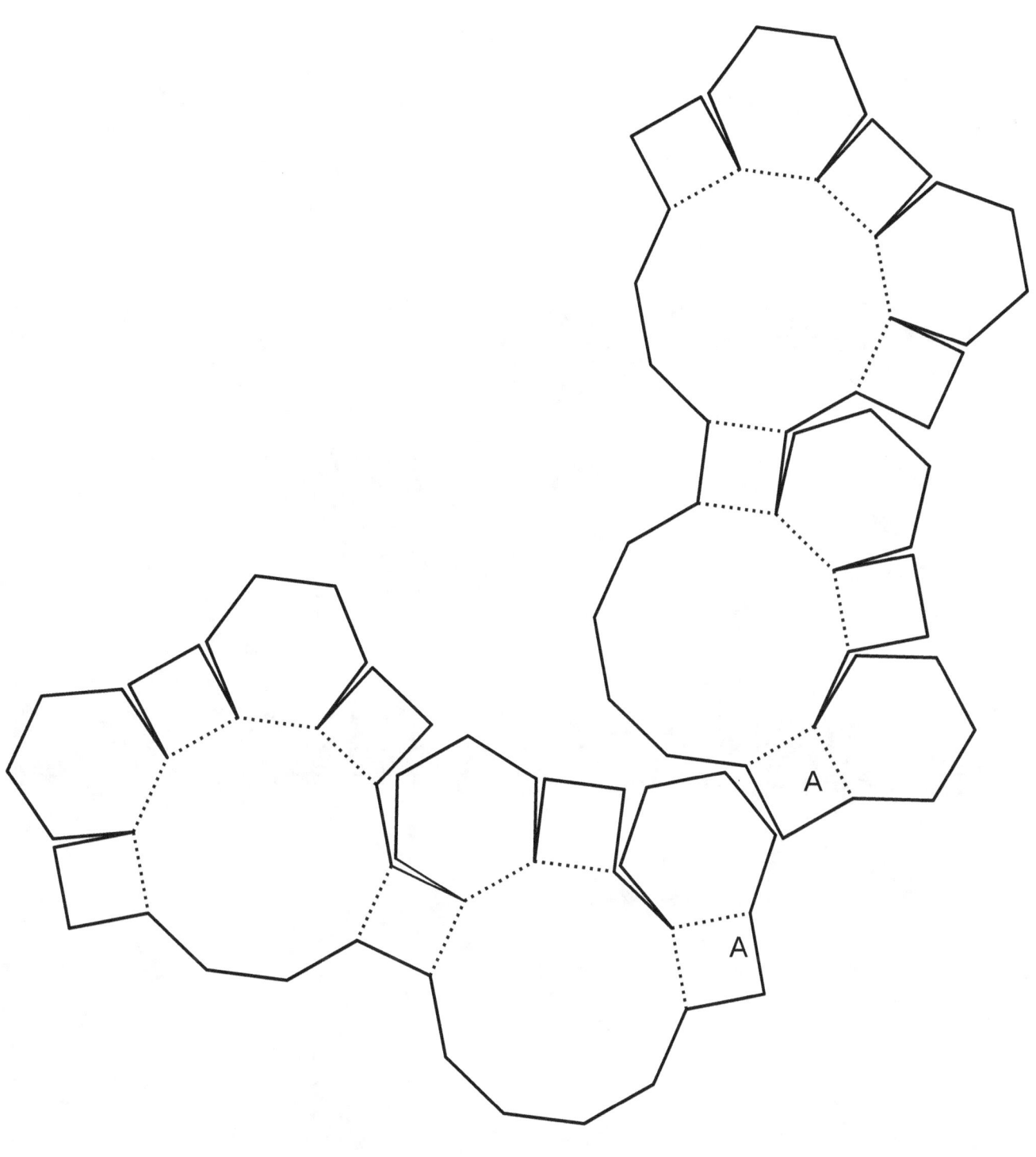

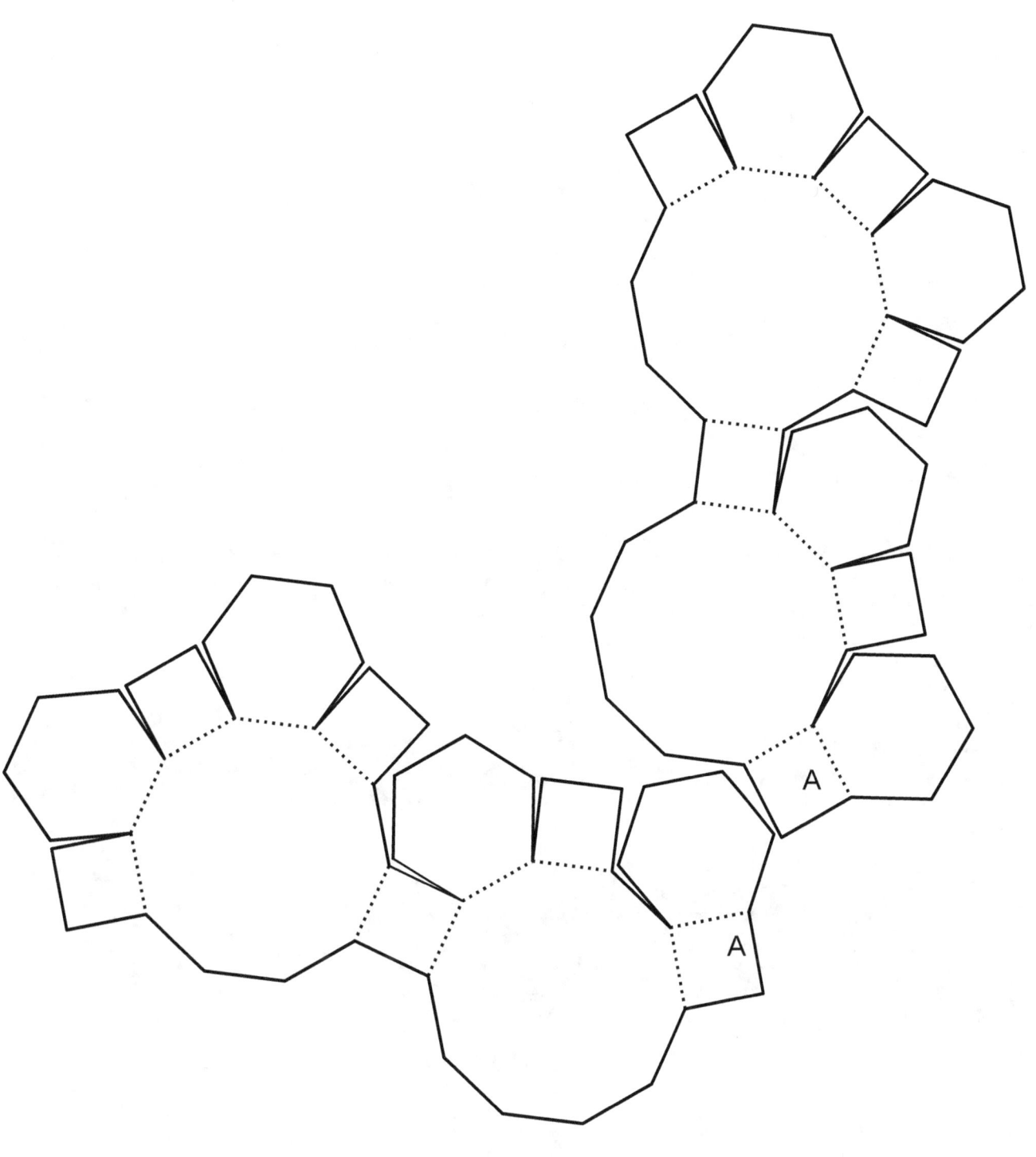

깎은 정팔면체

1. 실선을 따라 잘라주세요.
2. 점선을 따라 접으세요.
3. 투명 테이프를 이용해 고정합니다.

그물에 그림을 그리거나 색칠하고 싶다면 테이프로 붙이기 전에 하세요.

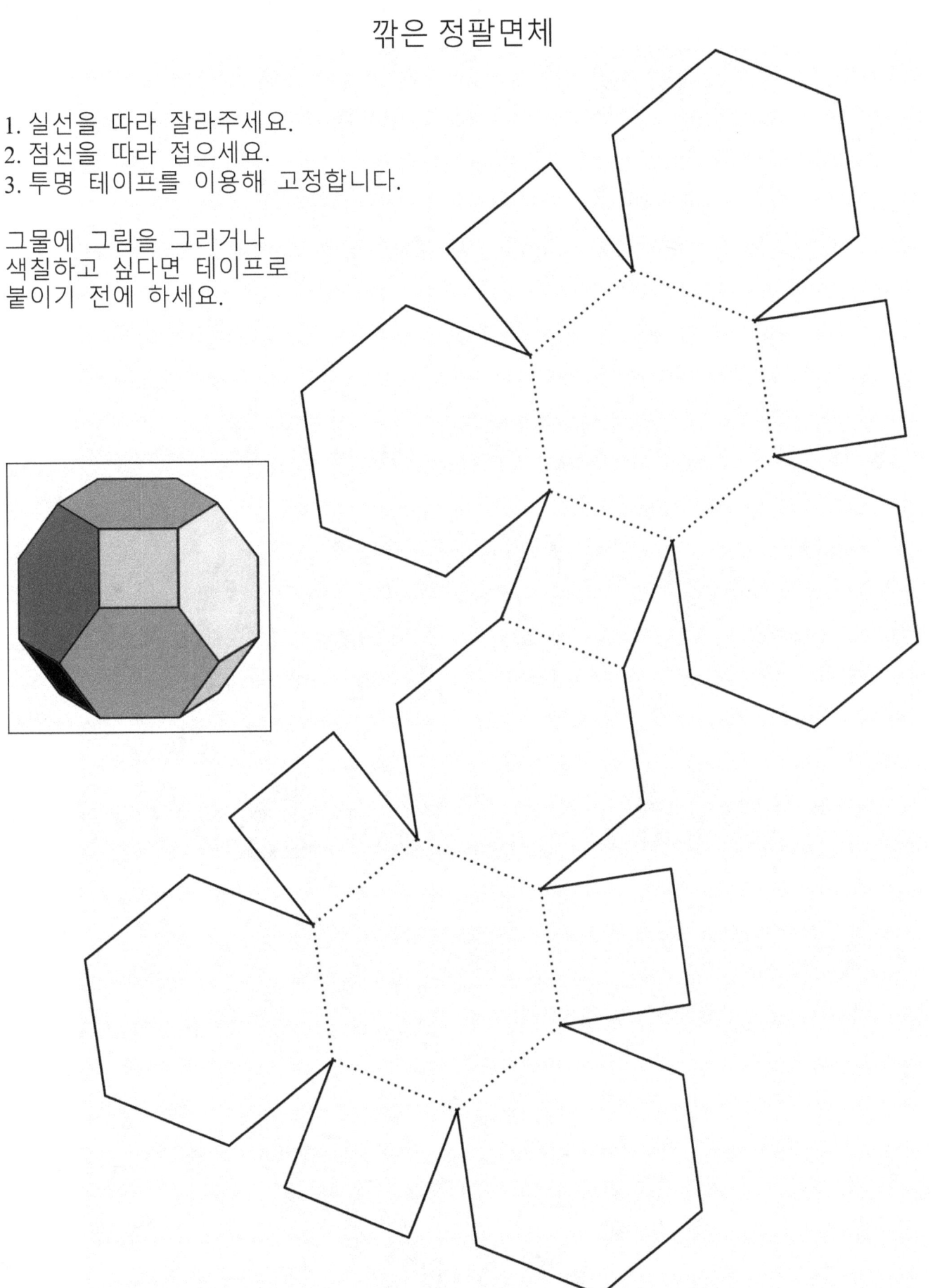

기하학적 개발 활동 책작가 데이비드 E 맥아담스

깎은 정사면체

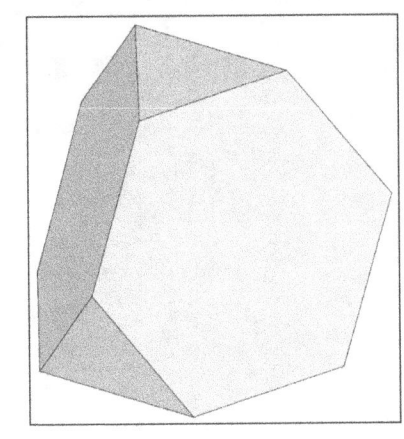

1. 실선을 따라 잘라주세요.
2. 점선을 따라 접으세요.
3. 투명 테이프를 이용해 고정합니다.

그물에 그림을 그리거나 색칠하고 싶다면 테이프로 붙이기 전에 하세요.

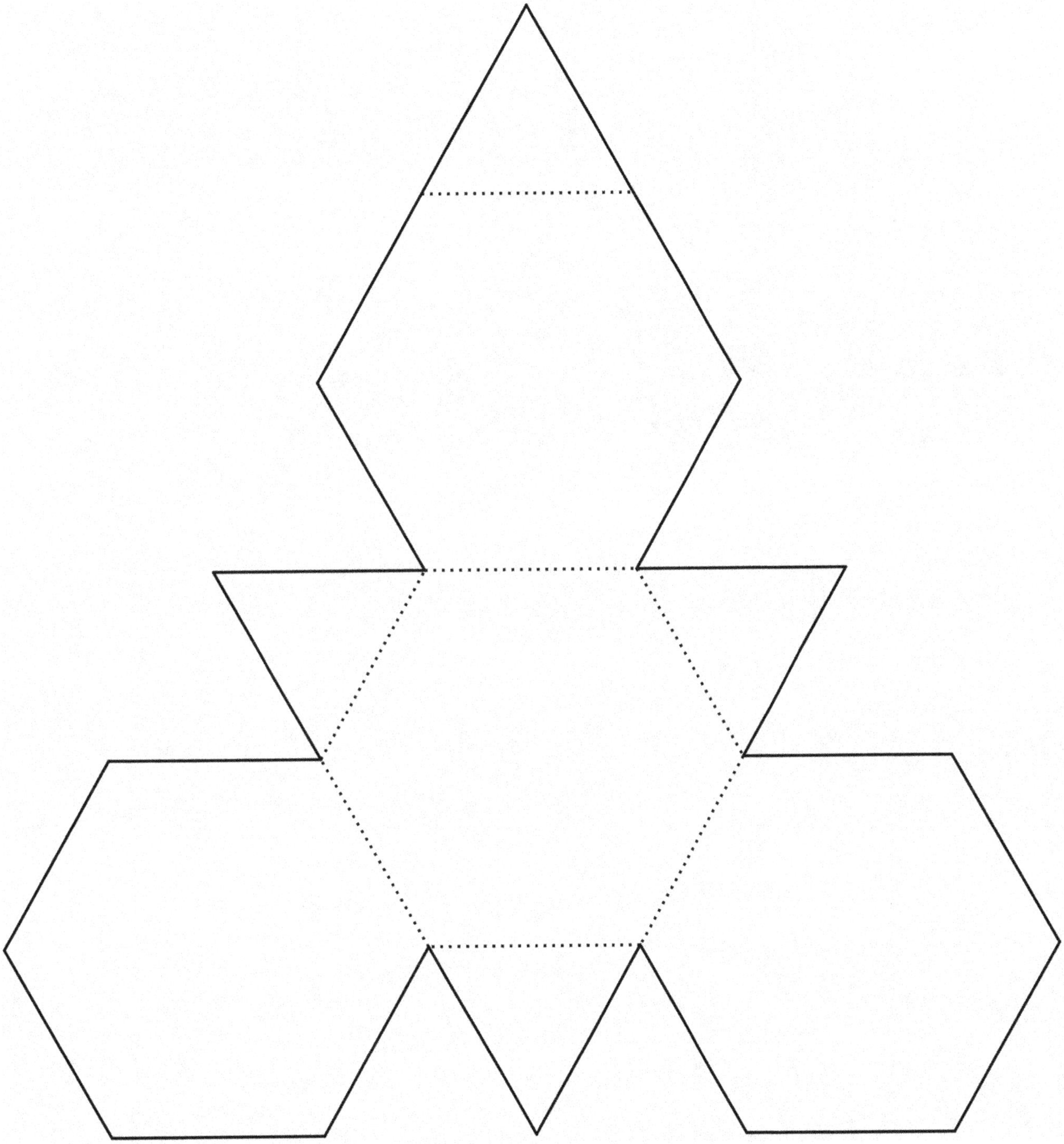

기하학적 개발 활동 책 작가 데이비드 E 맥아담스

저작권 2024. 우연적이고 비상업적인 교육적 용도로만 복사할 수 있습니다. 자세한 내용은 저작권 고지를 참조하세요.

오른쪽 오각형 별 피라미드

1. 실선을 따라 잘라주세요.
2. 점선을 따라 접으세요.
3. 투명 테이프를 이용해 고정합니다.

그물에 그림을 그리거나 색칠하고 싶다면 테이프로 붙이기 전에 하세요.

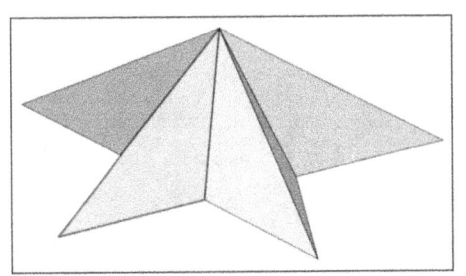

기하학적 꺠발 활동 책 작가 데이비드 E 맥아담스
저작권 2024. 우연적이고 비상업적인 교육적 용도로만 복사할 수 있습니다. 자세한 내용은 저작권 고지를 참조하세요.

잘린 정사각형 사다리꼴

1. 실선을 따라 잘라주세요.
2. 점선을 따라 접으세요.
3. 투명 테이프를 이용해 고정합니다.

그물에 그림을 그리거나 색칠하고 싶다면 테이프로 붙이기 전에 하세요.

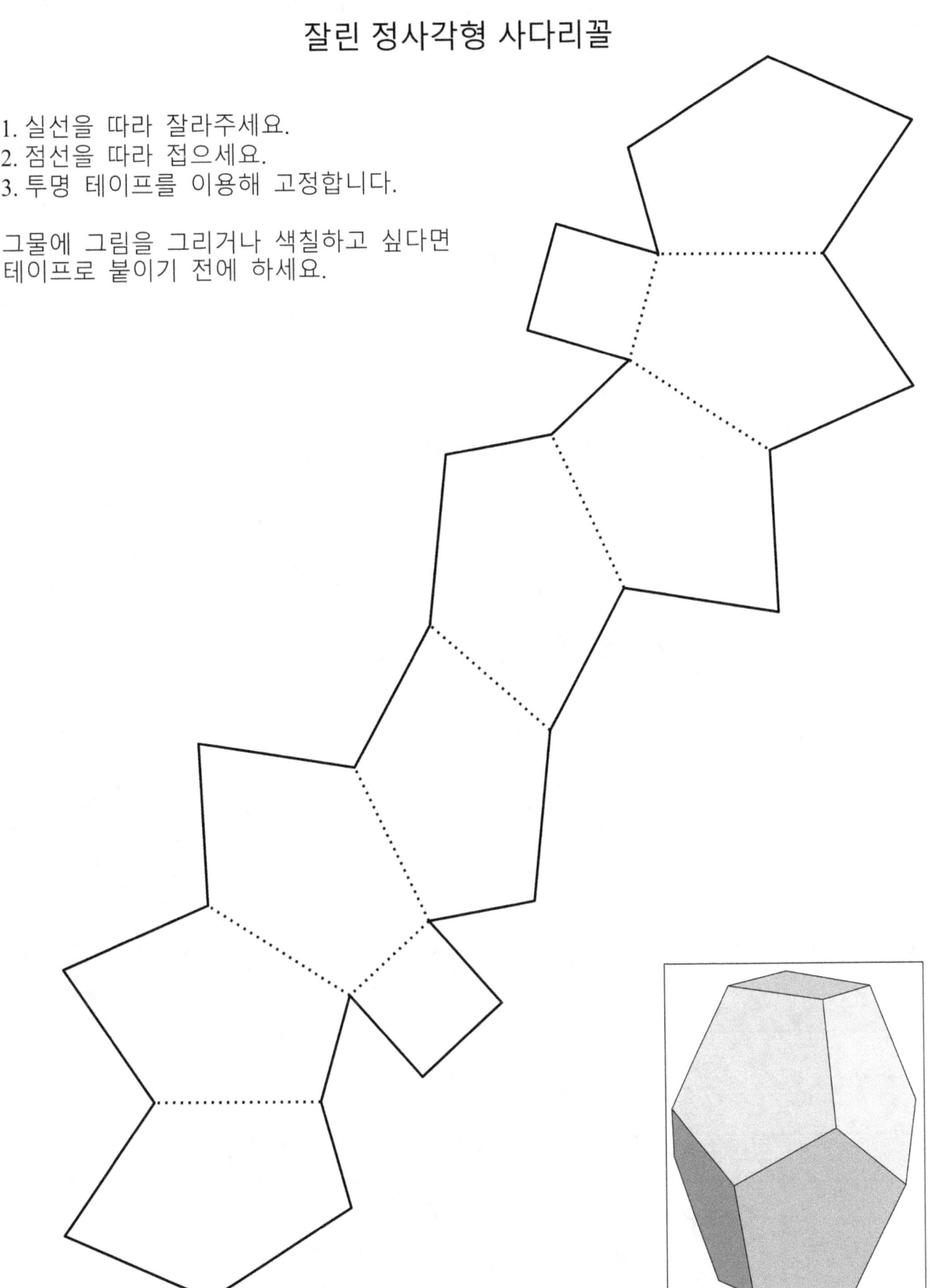

기하학적 개발 활동 책 작가 데이비드 E 맥아담스

저작권 2024. 우연적이고 비상업적인 교육적 용도로만 복사할 수 있습니다. 자세한 내용은 저작권 고지를 참조하세요.